LAKTOSEINTOLERANZ

Genussvoll kochen ohne Milchzucker

LAKTOSEINTOLERANZ

Genussvoll kochen ohne Milchzucker

Texte und Rezepte: Anne Kamp
Fotos: Coco Lang

THEORIE

LAKTOSEFREI ERNÄHREN
BESCHWERDEFREI GENIESSEN

8 Laktoseintoleranz – wenn Milchzucker Beschwerden bereitet

10 Vorkommen von Laktose – nicht nur in der Milch

12 Was passiert im Darm? Ursachen von Laktoseintoleranz

14 Symtome bei Laktoseintoleranz – wenn es zwickt und zwackt im Bauch

16 Wieder unbeschwert essen – in 3 Schritten zum Wohlbefinden

18 Der nächste Schritt – in der Testphase geht schon mehr

20 Dauerhaft beschwerdefrei – der Alltag mit Laktoseintoleranz

22 5 Tipps für einen ruhigen Bauch – so sorgen Sie für Ihr Wohlbefinden

24 Milchersatzprodukte – es gibt viele gute Alternativen

26 Bei besonderen Anlässen – Essen in Restaurants und bei Einladungen

154 Sachregister

155 Rezeptregister

160 Impressum

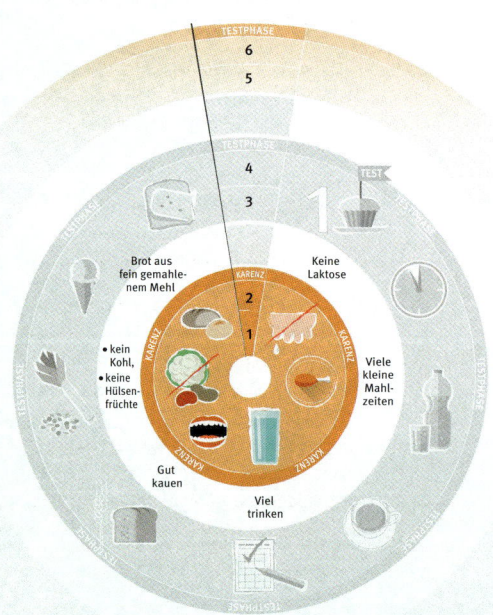

REZEPTE

LAKTOSEFREI GENIESSEN
FÜR FAMILIE UND FREUNDE

30 BROT & BRÖTCHEN
Mit Dinkel, Kartoffeln oder Nuss – ab in den Ofen

38 BROTAUFSTRICHE
Süße Cremes und pikante Pasten für obendrauf

42 FRÜHSTÜCK & SNACKS
Müsli, Smoothies, Waffeln verschönern den Morgen

54 SUPPEN
Cremige Suppen – und das ganz ohne Sahne

60 HAUPTGERICHTE MIT FLEISCH
Von einfach bis edel – leckeres für jeden Tag

74 HAUPTGERICHTE MIT FISCH
Lachs, Thunfisch und Rotbarsch von der besten Seite

80 VEGETARISCHE HAUPTGERICHTE
Leckere Sattmacher mit Gemüse, Käse, Ei und Co.

94 SALATE & SAUCEN
Rohkost und feine Dressings – ein Dreamteam

106 EIS & DESSERTS
Süßes Finale mit Eiscremes, Flammeri und Crumble

120 GETRÄNKE
Fruchtig-spritzige Shakes – ganz ohne Milch

124 KEKSE & KUCHEN
Von Törtchen bis zur Torte: leckere Backideen

144 PRALINEN & KNABBEREIEN
Für Zwischendurch: Zum Naschen und Knabbern

DIE GU-QUALITÄTS-GARANTIE

Wir möchten Ihnen mit den Informationen und Anregungen in diesem Buch das Leben erleichtern und Sie inspirieren, Neues auszuprobieren. Bei jedem unserer Bücher achten wir auf Aktualität und stellen höchste Ansprüche an Inhalt, Optik und Ausstattung. Alle Rezepte und Informationen werden von unseren Autoren gewissenhaft erstellt und von unseren Redakteuren sorgfältig ausgewählt und mehrfach geprüft. Deshalb bieten wir Ihnen eine 100%ige Qualitätsgarantie.

Darauf können Sie sich verlassen:
Wir legen Wert darauf, dass unsere Kochbücher zuverlässig und inspirierend zugleich sind.
Wir garantieren:
- dreifach getestete Rezepte
- sicheres Gelingen durch Schritt-für-Schritt-Anleitungen und viele nützliche Tipps
- eine authentische Rezept-Fotografie

Wir möchten für Sie immer besser werden:
Sollten wir mit diesem Buch Ihre Erwartungen nicht erfüllen, lassen Sie es uns bitte wissen! Wir tauschen Ihr Buch jederzeit gegen ein gleichwertiges zum gleichen oder ähnlichen Thema um. Nehmen Sie einfach Kontakt zu unserem Leserservice auf. Die Kontaktdaten unseres Leserservice finden Sie am Ende dieses Buches.

GRÄFE UND UNZER VERLAG
Der erste Ratgeberverlag – seit 1722.

LAKTOSEFREI ERNÄHREN

Beschwerdefrei genießen

Laktoseintoleranz zählt zu den häufigsten Unverträglichkeiten und ist seit vielen Jahren bekannt. Biochemisch gesehen handelt es sich um eine vergleichsweise harmlose Störung. Solange sie nicht erkannt ist, kann sie den Alltag jedoch stark beeinträchtigen und die Lebensqualität deutlich schmälern. Die richtige Diagnose ist die Basis für eine Linderung der Bauchbeschwerden. Die Umstellung auf die richtige Ernährung fällt langfristig meist nicht schwer, weil das neue »Bauchgefühl« ein wahrer Segen ist.

LAKTOSEINTOLERANZ

Die Milch macht's, der Milchzucker nicht immer. Viele Betroffene leiden seit Jahren unter starken Bauchbeschwerden, die den Alltag erheblich belasten.

Sie leiden unter Bauchbeschwerden und das schon seit einer längeren Zeit? Sie haben von Ihrem Arzt die Diagnose „Laktoseintoleranz" erhalten und hoffen, dass es mit der richtigen Ernährung nun endlich ruhiger wird und Sie wieder unbeschwert Ihr Leben genießen können?

Dann finden Sie in diesem Buch wichtige Informationen über diese immer häufiger diagnostizierte Unverträglichkeit, alltagstaugliche Empfehlungen für eine rasche Beschwerdefreiheit und viele hilfreiche Tipps für Ihren Alltag. Sie können lernen, dass genussvolles Essen und eine gute Nährstoffversorgung trotz Laktoseintoleranz

einfach umsetzbar sind. Schon nach wenigen Tagen werden Sie das neue angenehme „Bauchgefühl" zu schätzen wissen.

ENDLICH BESCHWERDEFREI

Nicht selten kommt es nach der Kostumstellung bei den Betroffenen zu einem echten Aha-Erlebnis. Endlich wieder ohne Blähungen, Bauchweh, weiche Stühle und Völlegefühl – für viele ist diese Unbeschwertheit schon eine Weile her. Laktoseintoleranz ist eine der häufigsten Unverträglichkeiten im Bereich der Nahrungsmittel und über jedes Alter und beide Geschlechter gleich verteilt. Sie ist in der Medizin schon seit vielen Jahrzehnten bekannt. Sie gewann aber vor allem in den letzten Jahren deutlich an Bedeutung, da immer mehr Ärzte diese Unverträglichkeit als mögliche Ursache für Bauchbeschwerden in Betracht ziehen.

Hilfreich ist weiterhin, dass die Medien häufiger darüber berichten und sich Betroffene dazu intensiv austauschen. Wenn Sie von einer laktosearmen Kost profitieren, ist es ein wirklicher Segen, dieses auch zu wissen. Nutzen Sie den aktuellen Fokus auf den Milchzucker! Umgekehrt gilt allerdings:

WAS IST LAKTOSE?

Zuerst ein paar Fakten: Laktose (Milch-zucker) ist ein sogenannter Zweifach-zucker, der sich aus den Einfachzuckern Glukose (Traubenzucker) und Galaktose (Schleimzucker) zusammensetzt. Er fin-det sich natürlicherweise in der Milch von Säugetieren – deshalb genauso auch in der Muttermilch. Kuhmilch hat wie die Milch anderer Tiere (Stute, Ziege, Schaf) einen Laktosegehalt von etwa 5 Prozent. Das heißt, dass bei Vorliegen einer Lak-toseintoleranz auch die Milch anderer Tiere als von der Kuh – anders als oft ver-mutet – nicht verträglich ist!

Falls keine Laktoseintoleranz vorliegt, ist eine laktosearme Ernährung mit keinen Vor-teilen verbunden und daher nicht sinnvoll.

UNTERSCHIEDE BEI MILCHPRODUKTEN

Sauermilchprodukte wie Joghurt, Quark oder Buttermilch haben hin und wieder einen etwas geringeren Laktosegehalt, denn die zugesetzten Milchsäurebakterien bauen die Laktose teilweise ab. Allerdings sind die Produkte in den meisten Fällen ebenso wenig verträglich wie die Milch selbst – also bitte meiden.

Anders liegt der Fall bei Schnittkäse wie Gouda, Edamer oder Bergkäse. Diese ent-halten auf Grund des Herstellungsprozesses sehr wenig Laktose und sind problemlos verträglich. Die meiste Laktose befindet sich in der Molke, die bei der Käseherstel-lung austritt. Bei der Reifung des Käses wird außerdem noch ein Teil der verbliebenen Laktose durch die beteiligten Milchsäure-bakterien abgebaut. Viele Hersteller dekla-rieren ihren Käse als laktosearm oder -frei. Dieser Käse ist nicht anders hergestellt als andere Schnittkäsesorten auch. Sie erken-nen den Laktosegehalt auf abgepacktem Käse an der Kohlenhydratangabe. Schnitt-käse enthält fast nur Laktose als Kohlen-hydrat, der Gehalt liegt unter 1 g pro 100 g.

Butter und Butterschmalz

Ebenfalls gut verträgliche Milchprodukte sind Butter und Butterschmalz, sie beste-hen schließlich zu 82 Prozent (Butter) und 99,8 Prozent (Butterschmalz) aus Fett, der Laktosegehalt liegt bei max. 1 Prozent. Bei normalen Mengen kann es weder bei Butter noch bei Butterschmalz zu Beschwerden kommen. In den Rezepten werden daher normale Butter, Butterschmalz sowie Schnitt- und Hartkäse eingesetzt.

Eine genaue Liste mit dem Laktosegehalt der unterschiedlichen Milchprodukte finden Sie auf S. 11. Im 3-Stufen-Plan in der hin-teren Umschlagklappe sind sie nach ihrer Verträglichkeit sortiert.

Vorkommen von LAKTOSE

Dass Laktose in Milch enthalten ist, versteht jeder. Laktose ist aber ein echter Allrounder und daher auch vielen Fertigprodukten zugesetzt.

Wie viel Laktose in Milch oder Milchprodukten enthalten ist, sehen Sie in der Tabelle auf S. 11. Daneben wird sie oft Foodprodukten zugesetzt, weil sie gut Wasser bindet, moderat süßt und Backwaren schön bräunt. Wenn in einem Lebensmittel Laktose verarbeitet ist, muss sie in der Zutatenliste aufgeführt sein. Das ist seit einigen Jahren durch ein europäisches Gesetz festgelegt. Mehrere Hersteller haben daher mittlerweile die Produktion so umgestellt, dass keine Milchprodukte oder Laktose mehr verarbeitet werden. Es bleiben aber noch genügend Lebensmittel, in denen Laktose vorkommt. Und nicht immer ist es die pure Laktose, die zugesetzt wurde – kritische Produkte finden Sie in der vorderen Umschlaginnenklappe.

LAKTOSE IST KEIN ZUSATZSTOFF

Nach der Lebensmittelkennzeichnungsverordnung müssen Zusatzstoffe in Lebensmitteln mit einer E-Nummer deklariert werden. Bei Laktose handelt es sich jedoch um eine Zutat und nicht um einen Zusatzstoff – insofern gibt es für Laktose auch keine E-Nummer. Seit Ende 2014 gilt nun auch eine Deklarationspflicht für frei verkäufliche Ware zum Beispiel beim Bäcker oder Fleischer oder auch bei Speisen im Restaurant. Das Personal muss Sie hier auf Anfragen darüber informieren, ob ein Lebensmittel Laktose enthält oder nicht.

Manche verpackte Lebensmittel enthalten die Aufschrift »kann Spuren von Milch enthalten«. Da in vielen Betrieben milchfreie und milchhaltige Lebensmittel produziert werden, können die Hersteller nicht immer sicherstellen, dass es hier nicht zu einer ungewollten Kontamination gekommen ist. Diese möglichen Spuren werden jedoch bei Laktoseintoleranz immer problemlos vertragen. Milcheiweiß oder Milchsäure haben »Milch« nur im Namen, sind laktosefrei und stellen ebenfalls damit kein Problem dar.

LAKTOSE IN MEDIKAMENTEN

Auch in Medikamenten findet sich häufig Laktose als Trägermaterial. Hier handelt es sich aber um so geringe Mengen, dass es nicht zu Beschwerden kommt. Erst wenn eine Vielzahl laktosehaltiger Präparate zeitgleich genommen werden muss und der Verdacht besteht, dass diese Menge zu Symptomen führt, kann eine gleichzeitige Gabe von 1 000 FCC-Einheiten Laktase (siehe S. 26) sinnvoll sein.

LAKTOSEGEHALT VON MILCH UND MILCHERZEUGNISSEN	LAKTOSE IN G PRO 100 G LEBENSMITTEL
Konsummilch (Frischmilch, H-Milch)	4,8–5,0
Milchmixgetränke (Schoko, Vanille, Himbeere, Nuss)	4,4–5,4
Dickmilch	3,7–5,3
Joghurt	3,7–5,6
Joghurtzubereitungen (Schoko, Nuss, Müsli, Mokka, Vanille)	3,5–6,0
Kefir	3,5–6,0
Buttermilch	3,5–4,0
Sahne, Rahm (süß, sauer)	2,8–3,6
Crème fraîche	2,0–3,6
Milchpulver	38,0–51,5
Molke, Molkegetränke	2,0–5,2
Fertigdesserts (Cremes, Pudding, Milchreis, Grießbrei)	3,3–6,3
Eiscreme (Milch-, Frucht-, Joghurteis)	5,1–6,9
Sahneeis	1,9
Rahm-, Doppelrahmfrischkäse	3,4–4,0
Speisequark (10–70 % Fett i. Tr.)	2,0–3,8
Hüttenkäse (20 % Fett i. Tr.)	2,6
Frischkäsezubereitungen (10–70 % Fett i. Tr.)	2,0–3,8
Schmelzkäse (10–70 % Fett i. Tr.)	2,8–6,3
Butter	0,6–0,7
Butterschmalz	–
Hart-, Schnitt-, Weichkäse: Alpkäse, Appenzeller, Backsteiner, Bad Aiblinger Rahmkäse, Bergkäse, Berghofkäse, Brie, Butterkäse, Camembert, Chester, Edamer, Edelpilzkäse, Emmentaler, Esrom, Gouda, Havarti, Jerome, Limburger, Mozzarella, Münsterkäse, Parmesan, Raclette, Räucherkäse, Reibkäse, Romadur, Sauermilchkäse (Harzer, Mainzer, Handkäse), Schafskäse, Stauferkäse, Steppenkäse, Tilsiter, Trappistenkäse, Weinkäse, Weißlacker.	< 1,0

Was passiert im DARM?

Liegt im Dünndarm ein Enzymmangel vor, wird die Laktose unzureichend gespalten. Der Milchzucker gelangt in den Dickdarm und führt zu Beschwerden.

Laktose gehört zu den Kohlenhydraten und ist ein sogenannter Doppelzucker (Disaccharid). Der mit der Nahrung aufgenommene Milchzucker muss im Dünndarm durch ein Enzym – die Laktase – in zwei Einfachzucker (Monosaccharide) gespalten werden. Erst nach dieser Spaltung sind die Zuckermoleküle klein genug, um durch die Dünndarmwand mithilfe von speziellen Mechanismen ins Blut aufgenommen zu werden. Einmal im Blut angekommen, können sie dorthin gelangen, wo sie im Körper gerade benötigt werden.

LAKTOSE WIRD VERGOREN

Bei einer Laktoseintoleranz wird nicht oder nicht ausreichend viel Laktase gebildet, so dass die Spaltung nicht oder nicht im ausreichenden Maße erfolgt. Der Milchzucker als Ganzes kann aber nicht ins Blut aufgenommen werden und gelangt so versehentlich in den Dickdarm, wo er von den dort ansässigen Darmbakterien (Microbiota) vergoren wird. Bei diesem Prozess entstehen Gase wie Kohlendioxid, die als Blähungen wahrgenommen werden können. Ebenso bauen die Darmbakterien die Laktose zu Wasserstoff ab, der auch zum Teil durch die Dickdarmwand in den Blutkreislauf und damit zu den Lungen gelangt und dort über die Ausatemluft abgeatmet wird (siehe S. 14).

Bauchweh und Blähungen

Ebenfalls werden im Dickdarm aus dem Milchzucker kurzkettige Fettsäuren gebildet, die die Darmbewegung (Peristaltik) deutlich anregen. In Kombination mit den stark wasserbindenden Eigenschaften der Laktose können dann weiche Stühle bis hin zu wässerigen Durchfällen die Folge sein – nicht ohne Grund dient Milchzuckerpulver ab einer gewissen Menge als effektives Abführmittel.

UNTERSCHIEDLICHE FORMEN

Warum der Körper nicht ausreichend Laktase produziert, kann verschiedene Ursachen haben. Man unterscheidet zwischen einer primären und einer sekundären Form der Laktoseintoleranz.

Von einer primären Laktoseintoleranz sind in Deutschland etwa 15 bis 20 Prozent der Menschen betroffen. Weltweit vertragen etwa 70 Prozent aller Erwachsenen keine Laktose. Die Tatsache, dass wir Mitteleuropäer den Milchzucker überwiegend

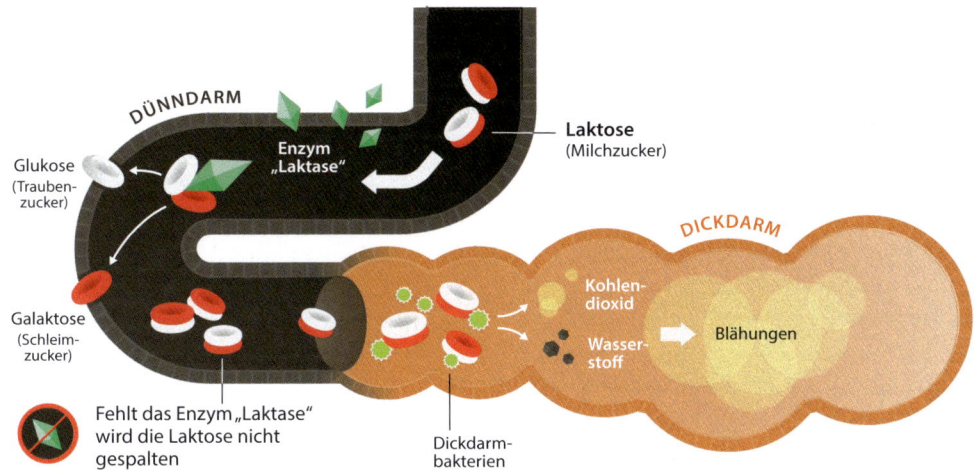

DÜNNDARM

Glukose (Trauben-zucker)

Enzym „Laktase"

Laktose (Milchzucker)

Galaktose (Schleim-zucker)

DICKDARM

Kohlen-dioxid

Wasser-stoff

Blähungen

Fehlt das Enzym „Laktase" wird die Laktose nicht gespalten

Dickdarm-bakterien

problemlos vertragen, ist unseren Vorfahren zu verdanken, die seit vielen Jahrhunderten Milchwirtschaft betrieben haben. Hierdurch hat sich über einen langen Zeitraum unsere Genetik so verändert, dass die meisten Mitteleuropäer auch nach dem Abstillen keine Probleme nach dem Verzehr von Milchprodukten haben. Nicht bei jedem Menschen kam es jedoch zu dieser genetischen Veränderung, so dass auch hier – familiär gehäuft auftretend – Menschen Jahre nach dem Abstillen kaum noch das Enzym Laktase bilden und damit eine – genetisch bedingte – sogenannte »primäre« Laktoseintoleranz haben.

Sekundäre Unverträglichkeit

Bei der sekundären Laktoseintoleranz handelt es sich um eine verminderte Laktaseproduktion als Folge einer anderen

Grunderkrankung, wie zum Beispiel Zöliakie, Morbus Crohn, akuter Entzündung des Verdauungstrakts oder nach Operationen im Magen-Darm-Bereich. Ist diese Erkrankung bekannt und erfolgreich therapiert, verschwindet auch die Laktoseunverträglichkeit in der Regel und Sie können wieder normale Milchzuckermengen problemlos vertragen.

EXTREM SELTEN
Bei der primär kongenitalen Laktoseintoleranz besteht ein Laktasemangel seit der Geburt. Diese extrem seltene Form der Intoleranz kommt in Deutschland kaum vor und spielt daher hierzulande auch kaum eine Rolle.

Symptome bei LAKTOSEINTOLERANZ

Wenn Sie längere Zeit Beschwerden haben, sollten Sie die Ursachen beim Arzt abklären lassen. Die Symptome können sehr unterschiedlich sein.

Leidgeplagte wissen es: Die Symptome einer Laktoseintoleranz sind einfach gesagt Bauchbeschwerden. Da der Milchzucker versehentlich in tiefe Darmabschnitte gelangt, kommt es zeitverzögert nach dem Essen zu Beschwerden. Je nach Veranlagung umfassen diese ein ganzes Spektrum:

- Bauchschmerzen bis hin zu kolikartigen Schmerzen
- Blähungen und Meteorismus (festsitzende Gase im Darm)
- weiche Stühle und Durchfälle oder auch ein Wechsel zwischen sehr festen und weichen Stühlen
- Völlegefühl
- Übelkeit
- selten auch Erbrechen, Verstopfung, Müdigkeit und allgemeines Unwohlsein

Die gute Nachricht: Nach der Kostumstellung werden die Beschwerden innerhalb weniger Tagen verschwinden. Spätestens nach zwei Wochen sollten Sie ohne Symptome sein. Andernfalls liegt eine weitere Störung der Schleimhaut oder Nahrungsmittelunverträglichkeit vor. In diesem Fall sollten Sie bitte (erneut) mit einem Arzt oder Ernährungstherapeuten sprechen.

DIE SICHERE DIAGNOSE

Stichwort »Arzt« – wie lässt sich eine Laktoseunverträglichkeit zuverlässig nachweisen? Der sicherste Weg eine Laktoseintoleranz festzustellen ist der Wasserstoff-Atemtest.

Eindeutig: der Atemtest

Dabei trinkt der Patient eine gewisse Menge Milchzucker, der in Wasser aufgelöst ist. Anschließend wird mittels eines speziellen Atemtestgeräts über einen Zeitraum von 3 Stunden alle 20 bis 30 Minuten der Wasserstoffgehalt in der Ausatemluft gemessen. Falls eine Intoleranz vorliegt, steigt der

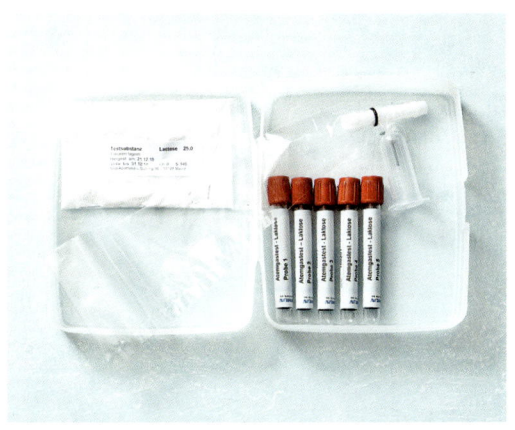

genannten Beschwerden in den Stunden nach dem Trinken der Testlösung auftreten.

WEITERE TESTMÖGLICHKEITEN

Eine Alternative bietet der Laktosebelastungstest. Er ist weniger genau – weil leicht Messfehler auftreten können – und sollte daher nur in Ausnahmefällen genutzt werden. Hier wird ganz ähnlich wie beim Atemtest eine laktosehaltige Flüssigkeit getrunken und danach über einen Zeitraum von ca. 2 Stunden alle 20 bis 30 Minuten der Blutzuckerspiegel gemessen.

Da Laktose als Zweifachzucker zur Hälfte aus Glukose (Traubenzucker) besteht, würde der Blutzuckerspiegel bei guter Resorption um mindesten 20 mg pro dl vom Ausgangswert ansteigen. Bleibt der Blutzuckeranstieg darunter und entwickeln sich deutliche Symptome bei der Testperson, kann auch hier von einer Laktoseintoleranz ausgegangen werden.

Gentest: Nicht immer hilfreich

Viele Ärzte führen einen Gentest zur Bestimmung einer Laktoseintoleranz durch. Hier erhält man jedoch »nur« den Hinweis, ob eine genetische Veranlagung für den Laktasemangel vorliegt. Unklar bleibt, ob derzeit tatsächlich schon eine Laktoseintoleranz für die Beschwerden verantwortlich ist. Ein Gentest sagt ebenfalls nichts über eine sekundäre Laktoseintoleranz aus, also eine Unverträglichkeit, die als Folge einer anderen Grunderkrankung entstanden ist.

Wasserstoffgehalt in der Ausatemluft während der Messreihe deutlich an, da der Zucker nicht wie gewünscht durch die Dünndarmwand ins Blut gelangt, sondern versehentlich in den Dickdarm gerutscht ist. Das hier von den Darmbakterien gebildete Gas wird nun zum Teil über die Lungen abgeatmet und ist in der Ausatemluft messbar. Steigt der Wert ausgehend vom sogenannten Leerwert (Messung vor Aufnahme der Laktoselösung) um mehr als 20 ppm an, kann von einer Laktoseintoleranz ausgegangen werden. In den meisten Fällen klagt der Patient dann gleichzeitig auch über Symptome, wie Blähungen, Bauchweh und weiche Stühle.

Wichtig zu wissen: Ein geringer Teil der Menschen haben keine wasserstoffbildenden Bakterien im Darm (man spricht dann von »H2-Nonproducern«). Hier ist kein Wasserstoffanstieg in der Ausatemluft messbar, sondern man muss darauf achten, ob die

Wieder UNBESCHWERT essen

Die Diagnose ist eindeutig? Das ist kein Grund zum Verzagen, mit dem 3-Stufen-Plan können Sie langfristig für Ruhe im Bauch sorgen.

In der ersten Phase der Ernährungsumstellung, der Karenzphase, sollten Sie auf alle Nahrungsmittel und Getränke verzichten, die Laktose enthalten. Bitte verzehren Sie in dieser Zeit ausschließlich Lebensmittel aus der ersten Spalte des 3-Stufen-Plans in der hinteren Umschlagklappe. Auch wenn Ihnen der Verzicht auf Latte macchiato oder Sahneeis schwer fällt – Ihr Bauch wird es Ihnen danken: Ziel der zweiwöchigen Phase ist, dass sich Ihre Beschwerden deutlich verringern oder ganz ausbleiben.

Führen Sie die Karenzphase wenn möglich zu einem Zeitpunkt durch, in dem es für Sie leicht machbar ist, die Einschränkungen umzusetzen. Erst wenn sich bei Ihnen für einige Tage deutlich weniger oder keine Beschwerden mehr zeigen, sollten Sie in die zweite Phase, die Testphase, übergehen.

> ### HILFREICH: ERNÄHRUNGSTAGE-BUCH FÜHREN
> Führen Sie in der Karenzphase ein Ernährungs-Symptom-Protokoll, um eventuelle Diätfehler oder andere Unverträglichkeiten leichter zu erkennen.

LEICHTE VOLLKOST

Noch ein Tipp: Zu Anfang der Ernährungsumstellung empfiehlt es sich, gleichzeitig auf schwer verdauliche Nahrungsmittel, wie grobe Vollkornbrote, Kohlgemüse, Zwiebelgewächse und Hülsenfrüchte, zu verzichten. Diese Lebensmittel sind im 3-Stufen-Plan kursiv gedruckt, sodass sie für Sie leicht erkennbar sind. Wenn Sie überwiegend unter einem zu weichen Stuhlgang leiden, sollten Sie vorerst lieber helle Brote oder Brötchen essen. Verändert sich der Stuhl unter dieser Kost und Ihr Stuhlgang wird fester, können Sie nach und nach wieder fein gemahlene Vollkornbackwaren essen.

SINNVOLL: KLEINE MAHLZEITEN

Grundsätzlich wichtig für einen ruhigen Bauch und somit auch besonders für die erste Phase der Ernährungsumstellung sind häufige kleine Mahlzeiten: Essen Sie am besten über den Tag verteilt vier bis fünf kleinere Mahlzeiten. Dadurch wird der Darm kontinuierlicher beschäftigt und nicht plötzlich überflutet. Außerdem immer empfehlenswert: langsames Essen, gutes Kauen und eine ausreichende Flüssigkeitszufuhr von 1,5 bis 2 l pro Tag für Erwachsene.

DREI-STUFEN-PLAN

Zeit in Wochen

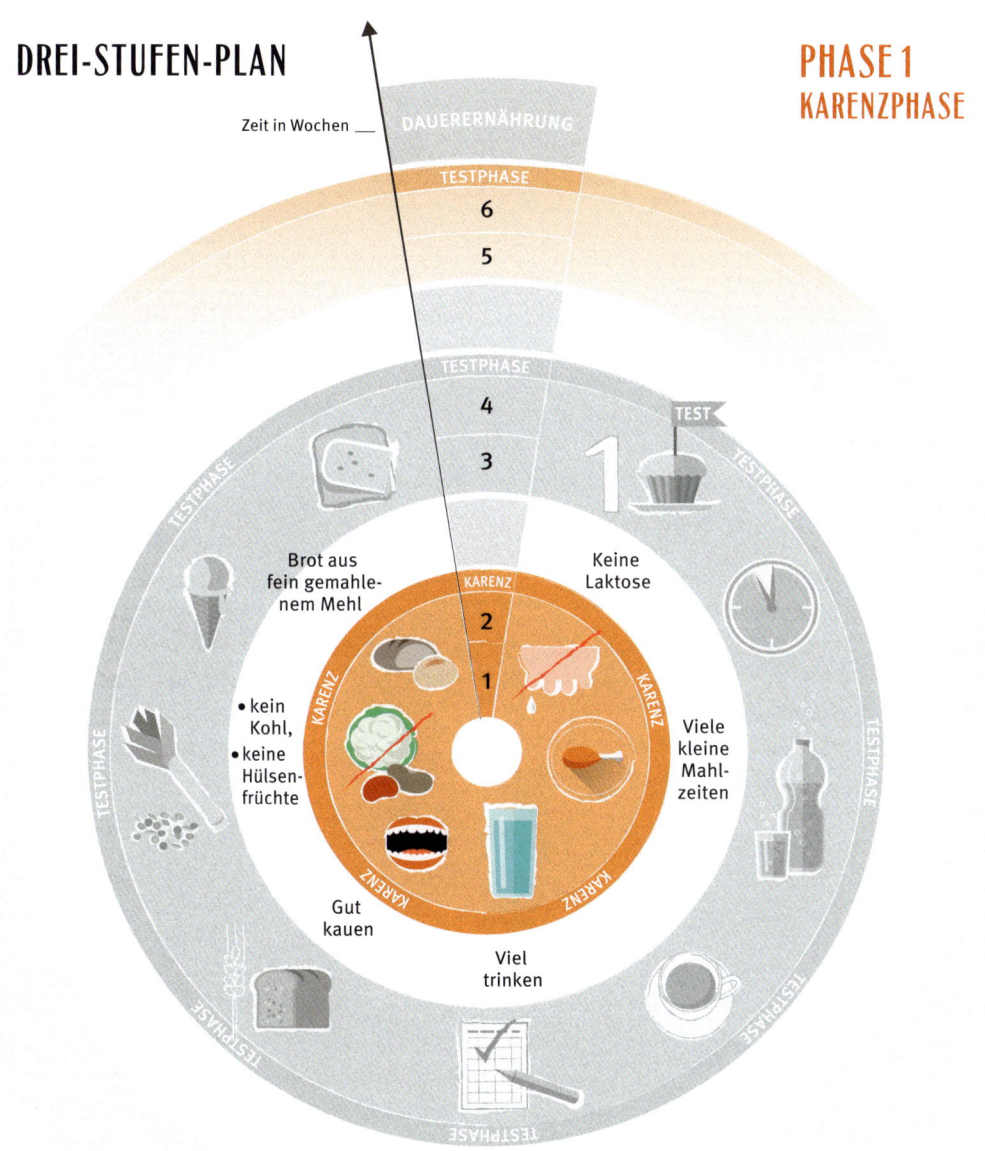

DAUERERNÄHRUNG

TESTPHASE

6

5

TESTPHASE

4

3

TEST

1

KARENZ

2

1

Brot aus
fein gemahlenem Mehl

Keine
Laktose

- kein
  Kohl,
- keine
  Hülsenfrüchte

Viele
kleine
Mahlzeiten

Gut
kauen

Viel
trinken

Der nächste SCHRITT

In der zweiten Phase testen Sie – eines nach dem anderen – die in der Karenzphase gemiedenen Lebensmittel auf ihre Verträglichkeit hin.

Sie haben 14 Tage streng alle Darmstörer links liegen gelassen und so hoffentlich Ruhe im Bauch geschaffen? Dann gilt es jetzt, diese Ruhe zu erhalten und – eines nach dem anderen – die kritischen Lebensmittel wieder auszuprobieren.
Arbeiten Sie dazu wieder mit der Tabelle in der hinteren Umschlagklappe: Sie können sich jetzt an die Nahrungsmittel der mittleren Spalte des 3-Stufen-Plans wagen, die meisten Menschen mit Laktoseintoleranz vertragen sie in geringen Mengen. Prüfen Sie nach und nach, was Sie selbst hiervon ohne anschließendes Bauchgrimmen essen können! Vorsicht: Die in der rechten Spalte aufgeführten Speisen und Getränke sind bei einer Laktoseintoleranz leider nicht oder nur in geringen Mengen verträglich.

JEDEN TAG EIN TEST

Die Testphase ist wichtig, damit Sie langfristig nicht auf mehr Lebensmittel verzichten müssen als unbedingt notwendig. Und so können Sie in der Testphase vorgehen: Pro Tag sollten Sie ein Nahrungsmittel auf seine Verträglichkeit hin testen. Warten Sie nach jedem »Test« etwa 24 Stunden ab, um seine Verträglichkeit zu bewerten.

DAS BESCHWERDEBAROMETER

Vielen Betroffenen ist es eine Hilfe, das Ergebnis der Tests in ein sogenanntes Beschwerdebarometer einzutragen. (Eine Vorlage zum kostenlosen Download finden Sie auf der Website der Autorin unter www.ernaehrungsberatung-kamp.de.) Falls Sie ein Laktasepräparat (siehe S. 26) zur besseren Verträglichkeit von »normalen«, also laktosehaltigen Lebensmitteln einsetzen möchten, können Sie auch dies in der Testphase probieren und im Beschwerdebarometer entsprechend dokumentieren.

ÜBERGANG ZUR LANGZEITERNÄHRUNG

Die Testphase erstreckt sich über vier bis sechs Wochen, je nachdem wie lange Sie für das Austesten der Lebensmittel benötigen. Dann geht es fließend in die Langzeiternährung über. Auch die kursiv geschriebenen Lebensmittel des 3-Stufen-Plans können nun langsam eingeführt werden. Um den Bauch zu entlasten empfiehlt es sich, immer einen Tag Pause zwischen blähenden Gerichten wie Bohnen oder Kohl verstreichen zu lassen. Außerdem sollten Sie auch alle »neuen« bzw. unbekannten Lebensmittel vorher auf ihre Verträglichkeit testen.

DREI-STUFEN-PLAN

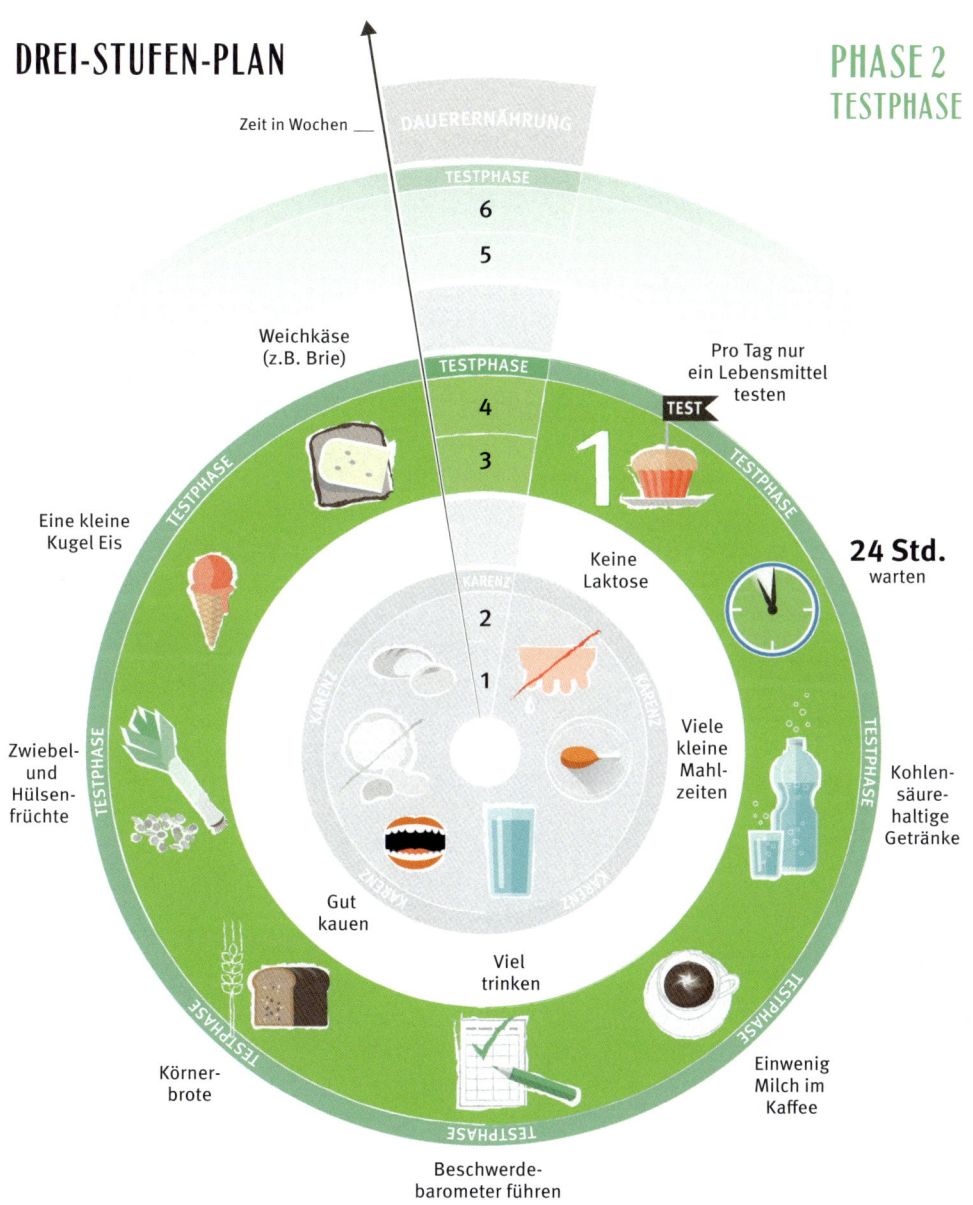

Zeit in Wochen ___

DAUERERNÄHRUNG

TESTPHASE

6

5

Weichkäse
(z.B. Brie)

TESTPHASE

4

3

Pro Tag nur
ein Lebensmittel
testen

TEST

1

Eine kleine
Kugel Eis

Keine
Laktose

24 Std.
warten

KARENZ

Zwiebel-
und
Hülsen-
früchte

2

1

Viele
kleine
Mahl-
zeiten

Kohlen-
säure-
haltige
Getränke

Gut
kauen

Viel
trinken

Körner-
brote

Einwenig
Milch im
Kaffee

Beschwerde-
barometer führen

Dauerhaft BESCHWERDEFREI

Langfristig müssen Sie nur auf Nahrungsmittel verzichten, die auch spürbar zu Beschwerden führen. Es darf gegessen werden, was vertragen wird!

Herzlichen Glückwunsch! Sie haben alle für Sie wichtigen Lebensmittel ausgetestet und jetzt den Überblick, was Ihrem Bauch gut und was ihm weniger gut tut. Vielleicht haben Sie sogar herausgefunden, dass Sie mehr vertragen als gedacht? Langfristig sollten Sie nur auf Nahrungsmittel verzichten, die Sie wirklich nicht vertragen. Was Ihnen dagegen erwiesenermaßen nicht gut bekommt, sollten Sie auch in Zukunft nicht essen. Weichen Sie auf laktosefreie Produkte (siehe S. 24) aus. Und halten Sie sich an unsere Rezepte – sie können wie kleine Wellnesskuren für Ihren Darm wirken. Kein Grund zur Sorge: Hat sich Ihr Zustand nach einigen Wochen des Ausprobierens wieder verschlechtert, ist dies in der Regel durch zu viele kleine Laktosequellen erklärbar. Nehmen Sie in diesem Fall bitte erneut nur Lebensmittel und Getränke aus der ersten Spalte des 3-Stufen-Plans zu sich. Schon nach kurzer Zeit werden Sie merken, dass es Ihnen wieder besser geht.

GUT VERSORGT MIT NÄHRSTOFFEN

Vielleicht denken Sie sich: Die einfachste Lösung wäre doch, allen Milchprodukten aus dem Weg zu gehen. Dem ist aber leider nicht so. Denn: Langfristig ist eine ausreichende Nährstoffversorgung wichtig. Keinesfalls sollten alle Milchprodukte vollständig gemieden werden. Milchprodukte liefern einen wichtigen Beitrag für eine gesunde Ernährung – nicht nur im Kindesalter. Bei einem vollständigen Verzicht auf Milchprodukte ist eine ausreichende Kalziumversorgung schwierig. Die in Milchsauer-

REGELMÄSSIGES UPDATE
Falls Sie unter einer sekundären Laktoseintoleranz (siehe S. 13) leiden, ist es ratsam nach einigen Wochen die Testphase erneut durchzuführen. Möglicherweise ist die Grunderkrankung geheilt und infolgedessen funktioniert auch Ihre Verdauung wieder einwandfrei? Oder die Unverträglichkeit hat sich deutlich gebessert oder ist ganz verschwunden. Sie vertragen längst wieder mehr.

produkten (vor allem Joghurt) enthaltenen Kulturen leisten außerdem einen wesentlichen Beitrag für eine gesunde Darmmikrobiota (Darmflora) und sind damit wunderbare Helfer in Sachen Darmgesundheit.

FALLS DER BAUCH UNRUHIG BLEIBT

Sie haben die Karenzphase durchgeführt und kaum davon profitiert? Eine Laktoseintoleranz kommt oft in Kombination mit anderen Unverträglichkeiten vor. Nicht selten findet sich gleichzeitig eine Fruktosemalabsorption, Sorbitunverträglichkeit oder Histaminintoleranz.

Fruktose und Sorbit

Eine Unverträglichkeit von Fruktose oder Sorbit lässt sich wie die Laktoseintoleranz durch einen Atemtest nachweisen. Hier kommt es vor allem nach dem Verzehr von Früchten und daraus hergestellten Lebensmitteln zu Bauchbeschwerden – bei einer Fruktosemalabsorption zusätzlich auch nach dem Genuss großer Zuckermengen. Diese Beschwerden sind vergleichbar mit denen einer Laktoseintoleranz. Streichen Sie jedoch nicht einfach auf Verdacht alle Früchte und den Zucker aus Ihrem Speiseplan. Einige Obstsorten sind recht gut verträglich – vor allem in Kombination mit fett- und eiweißreichen Lebensmitteln. Ein längerer strikter Fruktoseverzicht würde diese Unverträglichkeit eher verstärken, weil der Darm sozusagen völlig aus dem Fruktose-Transport-Training kommt. Also bitte in jedem Fall vor der Kostumstellung eine Diagnose stellen lassen und dann einen qualifizierten Ernährungstherapeuten aufsuchen. Gute Therapeuten finden Sie beim Arbeitskreis Diätetik in der Allergologie (www.ak-dida.de) oder beim Deutschen Allergie- und Asthmabund (www.daab.de).

Auf Histaminintoleranz testen

Eine Histaminintoleranz lässt sich beim Arzt leider nicht diagnostizieren. Typisch sind neben Bauchbeschwerden Kopfschmerzen, Benommenheit, Hautreaktionen, Atem- oder Herzrhythmusstörungen. Wenn Sie den Verdacht haben, hiervon betroffen zu sein, ist ein Ernährungstherapeut unumgänglich. Er wird nach einer Anamnese eine sogenannte »diagnostische« Diät mit Ihnen durchführen – ähnlich wie die Testphase, nur mit histaminhaltigen Lebensmitteln wie Erdbeeren, Tomaten, Käse oder Rotwein.

5 TIPPS FÜR EINEN RUHIGEN BAUCH

So sorgen Sie für Ihr Wohlbefinden

Egal, ob Sie an einer Nahrungsmittelunverträglichkeit leider oder nicht – beim Essen gilt es
ein paar Grundregeln zu beachten. Ihr Bauch
wird es Ihnen danken!

›› 1. ESSEN SIE LANGSAM UND KAUEN SIE GRÜNDLICH …

Egal, ob der Apfel in Eile, die nebenbei
verdrückte Stulle oder die herunter-
geschlungene Pasta – ein hastiges Essen,
welches zudem schlecht gekaut wird, ist
für die Meisten schlecht verträglich.
Nehmen Sie sich eine Pause vom Alltag
und gönnen sich regelmäßig
ruhige Mahlzeiten.

›› 3. TRINKEN SIE AUSREICHEND.

Eine unzureichende Flüssigkeitszufuhr
kann auch zu Bauchbeschwerden
führen. Zu den Mahlzeiten sollten
jedoch nur kleine Mengen Flüssigkeit
aufgenommen werden – am besten
zwischen den Mahlzeiten ca. 1,5
bis 2 l über den Tag verteilt.

›› 2. ESSEN SIE REGEL-MÄSSIG NACH NICHT ZU LANGEN ABSTÄNDEN.

Lassen Sie nicht mehr als 4 Stunden
zwischen den Mahlzeiten verstreichen.
Ein laktosefreier Joghurt mit Früchten, ein
belegtes Brot oder Nüsse mit Gemüse sind
wunderbare Zwischenmahlzeiten.
Und: Dank der regelmäßigen
Snacks fällt es auch leichter, die
Hauptmahlzeiten kleiner
zu halten.

》 4. GENIESSEN SIE BLÄHENDE LEBENSMITTEL IN MASSEN.

Kohlgemüse, Bohnen und Zwiebelgewächse sollten nicht täglich auf dem Speiseplan stehen. Vielen hilft es schon, nach dem Genuss dieser ansonsten so gesunden Lebensmittel einen Tag Pause einzulegen und da auf blähende Speise zu verzichten.

》 5. FETT- UND EIWEISSREICHE NAHRUNGSMITTEL SIND HILFREICH.

Wenn Sie viele Kohlenhydrate, aber nur wenig Fett und Eiweiß essen, führt das zu einer schnellen Transitzeit im Verdauungstrakt. Das heißt, das Essen gelangt (zu) schnell aus dem Magen in den Dünndarm. Die nicht aus dem Dünndarm aufgenommenen Nährstoffe führen zeitverzögert im Dickdarm zu Beschwerden. Versuchen Sie eine gewisse Menge Fett und Eiweiß in die Mahlzeiten einzubauen und reduzieren hierfür einen hohen Kohlenhydratanteil. Fett und Eiweiß lassen das Essen länger im Magen verweilen, weil sie langsamer verdaut werden.

MILCH-ERSATZPRODUKTE

In Supermärkten, Bioläden und Drogeriemärkten finden sich zahlreiche Produkte, die als Ersatz von Milch- und Milchprodukten angeboten werden.

Die gängigste Alternative zu herkömmlichen Milchprodukten sind laktosefreie Kuhmilcherzeugnisse (Laktosegehalt unter 1 g pro 100 g). In vielen Geschäften gibt es mittlerweile zahlreiche Produkte von Herstellern, die die herkömmliche Kuhmilch enzymatisch vorbehandelt haben, so dass der natürlich vorkommende Zweifachzucker Laktose in Glukose und Galaktose gespalten wurde. Durch den nun frei vorliegenden Traubenzucker schmecken manche dieser Milchprodukte leicht süßlich – was vor allem Kinder freut. Das Angebot reicht von Milch über Joghurt, Quark, Sahne,

Schmand, Kondensmilch und Frischkäse bis hin zu Pudding, Eis und noch einigem mehr. All diese Produkte sind bei einer Laktoseintoleranz verträglich, sofern Sie nicht unter weiteren Unverträglichkeiten oder Allergien wie beispielsweise einer Kuhmilchallergie leiden.

LAKTOSEARM: SCHNITTKÄSE

Der Kauf von im Handel als ausdrücklich laktosefreiem angebotenem Schnittkäse ist nicht nötig. Da Schnittkäse herstellungsbedingt grundsätzlich sehr laktosearm sind, gibt es keinen Grund an dieser Stelle mehr Geld für ein vergleichbares Produkt zu bezahlen (siehe S. 9 und Tabelle S. 11).

ALTERNATIVE: PFLANZLICHE DRINKS

Neben den laktosefreien Kuhmilchprodukten gibt es mittlerweile zahlreiche pflanzliche Drinks, die teilweise küchentechnisch die Kuhmilch ersetzen können. Allerdings sind sie geschmacklich und vom Nährwert anders zu bewerten als Milch. Zu den gängigsten pflanzlichen Drinks gehören: Sojadrink, Reisdrink, Haferdrink, Dinkeldrink, Kokosdrink, Haselnussdrink und Mandeldrink oder auch Kombinationen daraus. Der Fettgehalt dieser Produkte liegt in den meisten Fällen bei 1–2 g pro 100 g und ist damit vergleichbar dem von fettreduzierter Kuhmilch. Der Eiweiß- und Kohlenhydratgehalt ist sehr unterschiedlich. Küchentechnisch lassen sich diese Getränke nicht immer gleichwertig wie Milch einsetzen, da die Konsistenz im Endprodukt anders sein kann. Als erfrischendes Getränk zwischendurch ist eine Pflanzenmilch aber durchaus eine leckere und gekühlt auch erfrischende Alternative.

Kalzium, Vitamin D und B2

Den meisten pflanzlichen Drinks sind mittlerweile Kalzium, Vitamin D, Vitamin B12 und Vitamin B2 zugesetzt. Bei den Rezepten sind immer wieder diese Drinks eingebaut, um Ihnen den möglichen Einsatz in der Küche vorzustellen. Grundsätzlich gilt jedoch, dass Sie in jedem Ihrer Lieblingsgerichte handelsübliche Kuhmilchprodukte – wie beispielsweise Milch, Sahne oder Joghurt – einfach durch die laktosefreie Kuhmilchvariante 1:1 austauschen können. Keinesfalls sollten Sie Milchprodukte ganz aus Ihrem Speiseplan streichen. Sie leisten einen wichtigen Betrag zur gesunden Ernährung, da sie gute Lieferanten für Kalzium, Eiweiß, Vitamin D, B12 und B2 sind.

KREUZALLERGIEN ABKLÄREN

Sie leiden gleichzeitig auch an einer Pollenallergie? Dann ist es möglich, dass Sie eine pollenassoziierte Kreuzallergie auf Soja haben. Klären Sie diese Frage bitte beim Arzt oder Ernährungstherapeuten ab und verzichten ggf. auf Sojaprodukte wie Sojamilch, -sahne oder Tofu.

PRAKTISCH: ALLE KÖNNEN MITESSEN

Sie möchten laktosefreie Milchprodukte für ein Familiengericht wie zum Beispiel einen Auflauf oder eine Nachspeise verwenden? Kein Problem, es schadet auch Menschen ohne Laktoseintoleranz nicht, laktosefreie Produkte zu verzehren.

Bei besonderen ANLÄSSEN

Eine laktosearme Ernährung ist zuhause nicht allzu schwer. Bei Einladungen, im Restaurant und auf Reisen können Sie sich aber auch leicht helfen.

LAKTASEPRÄPARATE

Keine Regel ohne Ausnahme! Nicht immer ist es einfach, Laktose wirklich zu umgehen oder auf Ersatzprodukte zurückzugreifen. Sie sind eingeladen zu einer Feier, befinden sich auf einer Dienstreise oder möchten im Urlaub uneingeschränkt essen? Dann kann Laktase in Tabletten- oder Kapselform eine Hilfe sein: Das Enzym Laktase, das im Körper für die Spaltung des Milchzuckers und damit für eine sachgerechte Verdauung nötig ist, lässt sich in Apotheken und Drogeriemärkten kaufen.

Im Wesentlichen unterscheiden sich die auf dem Markt erhältlichen Enzympräparate durch die Menge der Enzyme, die pro Tablette oder Kapsel enthalten sind. Das Angebot reicht von 1000 bis 17500 FCC-Einheiten pro Tablette.

Danach, wie stark Ihre Laktoseintoleranz ausgeprägt ist und vor allem wie groß die Laktosemenge sein wird, die Sie anschließend essen möchten, sollte die Laktasegabe bemessen sein. In der Testphase können Sie erste Erfahrungen sammeln. Auch hier heißt es: Probieren geht über Studieren. Sie können bei Laktasepräparaten jedoch nicht viel falsch machen: Eine etwas zu hohe Einnahme führt zu keinen unerwünschten Beschwerden, eine zu geringe kann einen unruhigen Bauch hervorrufen. Die meisten Betroffenen verwenden langfristig ein Präparat mit einer mittleren Enzymmenge und nehmen bei Bedarf eine zweite Tablette, wenn es dann doch ausnahmsweise sehr große Laktosemengen zu genießen gibt.

Vom täglichen Gebrauch von Laktasekapseln im Alltag ist jedoch abzuraten, da es trotz Einnahme der Enzympräparate immer mal wieder zu leichten Beschwerden kommen kann. Und weil diese Ergänzung eigentlich nicht nötig ist, wenn Sie sich an den hier vorgestellten 3-Stufen-Plan halten.

UNTERWEGS GENIESSEN

Beim Außer-Haus-Essen kann es immer mal wieder schwierig werden, laktosefrei zu essen. In vielen Restaurants ist es mittlerweile bekannt, dass eine große Anzahl der Bevölkerung keine milchhaltigen Speisen verträgt. Fragen Sie am besten nach, welche Speisen für Sie verträglich sind. Falls eine laktosefreie Auswahl für Sie schwierig ist, spricht nichts dagegen, ausnahmsweise ein Laktasepräparat zu der Mahlzeit zu ergänzen, um diese verträglicher zu machen.

STOLPERFALLEN AUSSER HAUS UND ALTERNATIVEN

Versteckte Laktose

Laktosefrei

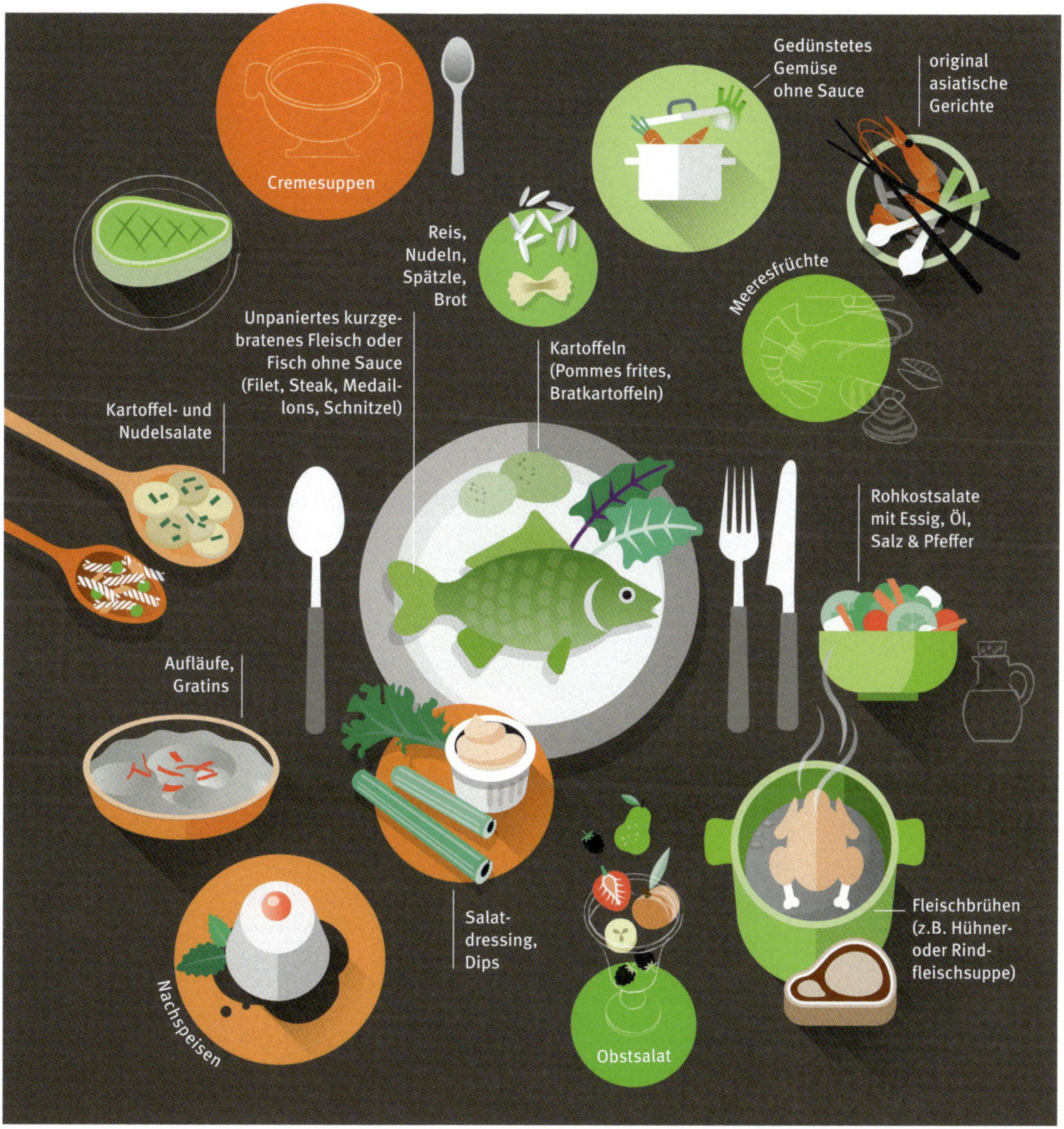

Cremesuppen
Gedünstetes Gemüse ohne Sauce
original asiatische Gerichte
Reis, Nudeln, Spätzle, Brot
Meeresfrüchte
Unpaniertes kurzgebratenes Fleisch oder Fisch ohne Sauce (Filet, Steak, Medaillons, Schnitzel)
Kartoffeln (Pommes frites, Bratkartoffeln)
Kartoffel- und Nudelsalate
Rohkostsalate mit Essig, Öl, Salz & Pfeffer
Aufläufe, Gratins
Salatdressing, Dips
Fleischbrühen (z.B. Hühner- oder Rindfleischsuppe)
Nachspeisen
Obstsalat

LAKTOSEFREI GENIESSEN
für Familie und Freunde

Eine Ernährung ohne Milchzucker ist gar nicht so schwer, kennt man erst einmal die verdächtigen Lebensmittel. Denn es gibt viele Ersatzprodukte und Ausweichmöglichkeiten, die ganz leicht in der Küche einsetzbar sind. Vom Frühstück über die Hauptmahlzeiten und Salate bis zu Snacks und Gebäck – die Rezepte auf den folgenden Seiten sind alle komplett laktosefrei. Das Tolle daran: Sie unterscheiden sich im Geschmack kaum von Gerichten mit Milchzucker und schmecken daher der ganzen Familie – Genuss beim Essen gilt für alle!

DINKELBRÖTCHEN
mit Anis und Kümmel

1 gestr. TL Anissamen
1 gestr. TL Kreuzkümmel-
samen
250 g Dinkelmehl (Type 630)
1 TL Salz
½ Päckchen Backpulver
50 g weiche Butter
1 Ei
Außerdem
Mehl zum Arbeiten

Für 6 Brötchen
20 Min. Zubereitung
20 Min. Backen

Nährwert pro Stück:

ca. 160 kcal
4 g Eiweiß
6 g Fett
22 g Kohlenhydrate

1 Den Backofen auf 200° vorheizen. Ein Backblech mit Backpapier auslegen. Die Anissamen und Kreuzkümmelsamen im Mörser fein zermahlen. (Alternativ lassen sich auch bereits gemahlene Samen verwenden.)

2 Die Gewürze mit Mehl, Salz und Backpulver in einer Rührschüssel mischen. Die weiche Butter in Flöckchen, 100 ml Wasser und das Ei dazugeben und alles mit den Knethaken des Handrührgeräts verkneten.

3 Den Teig auf der leicht bemehlten Arbeitsfläche gründlich durchkneten und in sechs Stücke teilen. Jedes Teigstück mit angefeuchteten Händen zu einem runden Brötchen formen und auf das Blech legen.

4 Die Brötchen im heißen Backofen (Mitte) ca. 20 Min. goldbraun backen. Die fertigen Brötchen aus dem Backofen nehmen und auf einem Kuchengitter abkühlen lassen. Nach Belieben noch warm oder abgekühlt servieren.

TIPP
Anis und Kreuzkümmel verleihen den Dinkelbrötchen ein herzhaft-würziges Aroma und zählen zu den typischen Brotgewürzen. Kreuzkümmel ist darüber hinaus ein wertvolles Arzneimittel, das sich bei Verdauungsstörungen bewährt hat. Sie können einige Kreuzkümmelsamen beispielsweise nach dem Essen kauen oder einen Tee daraus zubereiten – einfach mit heißem Wasser aufbrühen, kurz ziehen lassen und dann trinken.

AM BESTEN
FRISCH AUS
DEM OFEN

Schnelles DINKELBROT

650 g Dinkelvollkornmehl | 1 EL Salz | 1 Würfel Hefe | Fett für die Form
Für 1 Kastenform mit 30 cm
(ca. 20 Scheiben) | 10 Min. Zubereitung |
50 Min. Backen

1 Die Form leicht einfetten. Das Mehl mit dem Salz in einer Rührschüssel mischen. Den Hefewürfel zerbröseln und auf dem Mehl verteilen.

2 Nach und nach bis zu ½ l lauwarmes Wasser dazugeben und mit den Knethaken des Handrührgeräts langsam einarbeiten, bis ein kompakter Brotteig entstanden ist.

3 Den Teig in die Form füllen und das Brot in den nicht vorgeheizten Backofen (Mitte) stellen. Den Backofen auf 200° aufheizen und das Brot ca. 50 Min. backen. Aus dem Ofen nehmen und kurz in der Form abkühlen lassen. Dann stürzen und vollständig abkühlen lassen.

TIPP
Lust auf etwas Kerniges? Dann geben Sie zusätzlich 100 g Sonnenblumenkerne, Sesamsamen, Mohn oder Leinsamen in den Teig. Die Flüssigkeitsmenge erhöht sich dann auf 600 ml.

Nährwert pro Scheibe:

ca. 120 kcal		1 g Fett	
5 g Eiweiß		21 g Kohlenhydrate	

Fruchtiges NUSSBROT

600 g Weizenmehl (Typ 1050) | 250 g Studentenfutter | 2 TL Salz | 1 Würfel Hefe | Fett für die Form
Für 1 Kastenform mit 30 cm (ca. 20 Scheiben) | 10 Min. Zubereitung | 50 Min. Backen

1 Die Form leicht einfetten. Das Mehl mit dem Studentenfutter und dem Salz in einer Rührschüssel mischen. Den Hefewürfel zerbröseln und auf dem Mehl verteilen.

2 Nach und nach ½ l lauwarmes Wasser dazugeben und mit den Knethaken des Handrührgeräts langsam einarbeiten, sodass ein kompakter Brotteig entsteht.

3 Den Teig in die Form füllen und das Brot in den nicht vorgeheizten Backofen (Mitte)

stellen. Den Backofen auf 200° aufheizen und das Brot ca. 50 Min. backen. Aus dem Ofen nehmen und kurz in der Form abkühlen lassen. Dann stürzen und vollständig abkühlen lassen.

Nährwert pro Scheibe:

ca. 165 kcal	5 g Fett
5 g Eiweiß	25 g Kohlenhydrate

KARTOFFELBROT

mit Haferflocken

250 g vorgegarte Kartoffeln
100 g zarte Haferflocken
450 g Weizenmehl
(Type 1050)
1 Würfel Hefe
2 EL Zucker
1 Ei
2 TL Salz
Außerdem:
Fett für die Form

**Für 1 Kastenform mit 30 cm
(ca. 20 Scheiben)
35 Min. Zubereitung
20 Min. Gehen
40 Min. Backen**

Nährwert pro Scheibe:

ca. 115 kcal
4 g Eiweiß
1 g Fett
21 g Kohlenhydrate

1 Den Backofen ca. 5 Min. auf 50° vorheizen, anschließend wieder ausschalten. Die Form leicht einfetten.

2 Die Kartoffeln pellen und mit dem Kartoffelstampfer fein zerdrücken. Dann mit den Haferflocken und dem Mehl in einer Rührschüssel mischen.

3 Den Hefewürfel zerbröseln und auf der Kartoffel-Mehl-Mischung verteilen. Zucker, Ei und Salz dazugeben und 350 ml lauwarmes Wasser dazugießen. Alle Zutaten mit den Knethaken des Handrührgerätes gründlich verkneten.

4 Den Brotteig in die Form füllen und im warmen Backofen (Mitte) ca. 20 Min. gehen lassen, bis sich das Teigvolumen verdoppelt hat.

5 Dann den Backofen auf 200° aufheizen und das Brot ca. 40 Min. goldbraun backen. Herausnehmen und kurz in der Form abkühlen lassen. Dann stürzen und vollständig abkühlen lassen.

TIPP

Die Kartoffeln und Haferflocken im Teig sorgen dafür, dass dieses saftige Brot besonders lange frisch bleibt. Am zweiten Tag schmeckt es sogar besonders gut. Das Kartoffelbrot lässt sich wunderbar in Scheiben geschnitten einfrieren und, wenn es mal schnell gehen muss, tiefgekühlt im Toaster wieder aufbacken.

WUNDERBAR
SAFTIG

ZWIEBACK

400 g Mehl
Salz
25 g Zucker
20 g Hefe (½ Würfel)
40 g weiche Butter
200 ml laktosefreie Milch
Außerdem:
Fett für die Form
Mehl zum Arbeiten

**Für 1 Kastenform mit 24 cm
(ca. 20 Scheiben)
20 Min. Zubereitung
10 Min. Gehen
1 Std. 30 Min. Backen
24 Std. (über Nacht)
Abkühlen**

Nährwert pro Scheibe:

ca. 100 kcal
3 g Eiweiß
3 g Fett
16 g Kohlenhydrate

1 Am Vortag die Form leicht einfetten. Das Mehl mit 1 Prise Salz und dem Zucker in einer Rührschüssel mischen und die zerbröselte Hefe darauf verteilen. Die Butter in Flöckchen und die Milch dazugeben und alles mit den Knethaken des Handrührgeräts verkneten.

2 Den Teig mit den Händen auf der leicht bemehlten Arbeitsfläche zu einer Rolle formen (Bild 1), in die Form legen und in den kalten Backofen stellen. Den Backofen ca. 5 Min. auf 50° heizen, dann ausschalten und den Teig im warmen Backofen (Mitte) noch ca. 10 Min. gehen lassen. Dabei soll der Teig nur leicht aufgehen, damit die Brotkrume beim Backen schön feinporig bleibt (Bild 2).

3 Dann den Backofen auf 200° aufheizen und das Brot ca. 30 Min. backen. Herausnehmen und kurz in der Form abkühlen lassen. Dann stürzen und über Nacht vollständig abkühlen lassen.

4 Am nächsten Tag den Backofen auf 100° vorheizen. Ein Backblech mit Backpapier auslegen. Das Brot in ca. 1 cm breite Scheiben schneiden und nebeneinander auf dem Blech verteilen (Bild 3).

5 Die Brotscheiben im heißen Backofen (Mitte) ca. 1 Std. mehr trocknen als backen, dabei nach der Hälfte der Zeit die Scheiben wenden. Die Zwiebackscheiben aus dem Backofen nehmen und abkühlen lassen. Der Zwieback hält sich luftdicht verpackt 3–4 Wochen (Bild 4).

1

3

2

4

Augen auf beim Kauf: Fertiger Zwieback enthält häufig Laktose als Zusatz. Backen Sie ihn daher einfach selbst.

PFLAUMEN-NUSS-Aufstrich

DATTEL-MANDEL-Creme

100 g getrocknete Soft-Pflaumen (ohne Stein) | 50 g Haselnussmus (ersatzweise Mandelmus, Bioladen) | 1 EL Puderzucker (nach Belieben) | Zimtpulver
Für 8 Portionen à 20 g |
10 Min. Zubereitung

100 g getrocknete Datteln (ohne Stein) | 40 g Mandelmus (Bioladen) | 1 TL Kakaopulver
Für 7 Portionen à 20 g |
10 Min. Zubereitung

1 Die Soft-Pflaumen mit Haselnussmus und 2 EL Wasser in einen hohen Rührbecher geben und alles mit dem Stabmixer zu einer homogenen Masse pürieren.

1 Die Datteln in kleine Würfel schneiden und mit Mandelmus und 4 EL Wasser in einem hohen Rührbecher mit dem Stabmixer fein pürieren.

2 Den Puderzucker nach Belieben und 1 Prise Zimt dazugeben und alles nochmals gleichmäßig mixen. Den Aufstrich in ein sauberes Schraubglas füllen, er hält sich im Kühlschrank ca. 14 Tage.

2 Das Kakaopulver dazugeben und alles nochmals gleichmäßig mixen. Die Creme in ein sauberes Schraubglas füllen, sie hält sich im Kühlschrank ca. 14 Tage.

Nährwert pro Portion:

ca. 75 kcal	4 g Fett
1 g Eiweiß	8 g Kohlenhydrate

Nährwert pro Portion:

ca. 80 kcal	4 g Fett
1 g Eiweiß	10 g Kohlenhydrate

KOKOS-KAKAO-Butter

80 g weiche Butter | 1 TL Kakaopulver |
50 g Puderzucker | 3 EL Kokosraspel
Für 7 Portionen à 20 g | 5 Min. Zubereitung

1 Die weiche Butter in einem tiefen Teller
mit Kakaopulver, Puderzucker und Kokosraspel mit einer Gabel gründlich verrühren.

2 Die Schoko-Kokos-Butter in ein Schraubglas füllen und bei Zimmertemperatur
aufbewahren. Am besten innerhalb von
1 Woche verbrauchen.

Nährwert pro Portion:

ca. 130 kcal		11 g Fett
0 g Eiweiß		7 g Kohlenhydrate

NUSS-NUGAT-Creme

70 g Puderzucker | 1 Päckchen Vanille-
zucker | 1 EL Kakaopulver | 3 EL Haselnuss-
mus (Bioladen) | 3 EL laktosefreier Schmand
Für 7 Portionen à 20 g | 5 Min. Zubereitung

1 Puderzucker, Vanillezucker und Kakao
mischen. Das Haselnussmus mit dem
Schmand glatt verrühren und die Kakaomischung unterheben.

2 Alles zu einer geschmeidigen Creme verrühren. Die Creme in ein Schraubglas füllen
und im Kühlschrank aufbewahren.

Nährwert pro Portion:

ca. 125 kcal		7 g Fett
1 g Eiweiß		12 g Kohlenhydrate

STEINPILZBUTTER
mit Walnüssen

20 g getrocknete Steinpilze | 50 g Walnuss-
kerne | 100 g weiche Butter | Salz | Pfeffer
Für 8 Portionen à 20 g |
15 Min. Zubereitung | 15 Min. Quellen

1 Die getrockneten Steinpilze in einer
kleinen Schüssel mit ca. 200 ml kochendem
Wasser überbrühen und darin ca. 15 Min.
quellen lassen. Inzwischen die Walnusskerne fein hacken.

2 Anschließend die Steinpilze in ein
Sieb abgießen und abtropfen lassen, mit
Küchenpapier trocken tupfen und in feine
Würfel schneiden.

3 Die gehackten Walnüsse und Steinpilze
zur weichen Butter geben und alles mit einer Gabel gründlich mischen. Die Steinpilzbutter mit 1 Prise Salz und Pfeffer abschmecken. Die Butter hält sich im Kühlschrank
3–4 Tage – nicht länger, sonst verderben die
Steinpilze.

Nährwert pro Portion:

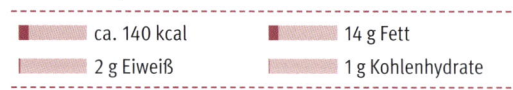

ca. 140 kcal		14 g Fett	
2 g Eiweiß		1 g Kohlenhydrate	

WÜRZIGE MÖHRENBUTTER
mit Tomatenmark

125 g Möhren | 70 g Butter | 70 g Tomaten-mark | 1 TL getrockneter Oregano | Salz | Pfeffer
Für 8 Portionen à 30 g |
20 Min. Zubereitung

1 Die Möhren schälen und auf der Gemüse-reibe fein raspeln. In einer Pfanne 20 g Butter erhitzen und die Möhrenraspel darin bei mittlerer Hitze ca. 10 Min. dünsten.

2 Dann die übrige Butter dazugeben und unter Rühren vollständig schmelzen lassen. Die Pfanne vom Herd nehmen.

3 Das Tomatenmark unterrühren und die Buttermischung mit Oregano, Salz und Pfeffer würzen. Die Möhrenbutter in ein

Glas füllen und abkühlen lassen. Die Butter hält sich im Kühlschrank 3–4 Tage – nicht länger, sonst verderben die Möhren.

TIPP
Probieren Sie diesen saftigen Brotaufstrich auch einmal mit geriebenen Pastinaken oder Knollensellerie statt der Möhren. Wer es nussig mag, gibt noch 2 EL gehackte Mandeln oder Sonnenblumenkerne dazu.

Nährwert pro Portion:

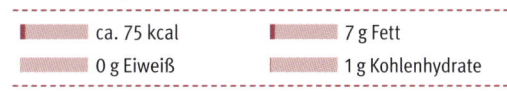

ca. 75 kcal	7 g Fett
0 g Eiweiß	1 g Kohlenhydrate

WARMER HAFERBREI

mit Kokos und Mango

60 g zarte Haferflocken
2 EL Kokosraspel
160 g laktosefreie Sahne
2 TL Honig
½ Mango

Für 2 Personen
15 Min. Zubereitung

Nährwert pro Portion:

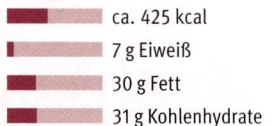

ca. 425 kcal

7 g Eiweiß

30 g Fett

31 g Kohlenhydrate

1 Die Haferflocken und Kokosraspel in einem kleinen Topf mischen. Die Sahne und 100 ml Wasser dazugießen und alles bei mittlerer Hitze unter Rühren aufkochen. Dann den Topf vom Herd nehmen und den Honig unterrühren.

2 Die Mango waschen, halbieren und den Kern entfernen. Das Fruchtfleisch jeder Hälfte gitterförmig bis zur Schale einschneiden. Dann die Hälften umstülpen und das Fruchtfleisch mit einem Messer von der Schale lösen.

3 Die Mangostücke in einem hohen Rührbecher mit dem Stabmixer zu einem feinen Mus pürieren. Den Haferbrei in Glasschälchen füllen und das Mangomus darüber verteilen.

TIPP

Dieses feine Frühstück können Sie nach Belieben auch gern mit anderen Früchten zubereiten – wie beispielsweise mit frischen Erdbeeren, tiefgekühlten Himbeeren oder einer Banane. Außerdem eignet es sich hervorragend als kleine Zwischenmahlzeit, die sich in einem Schraubglas auch gut transportieren lässt.

EXOTIK-KICK
AM MORGEN

HAFER-NUSS-CRUNCHY

50 g Mandeln
50 g Haselnusskerne
250 g zarte Haferflocken
4 EL Öl
50 g Zucker

Für 10 Portionen
15 Min. Zubereitung
25 Min. Backen

Nährwert pro Portion:

ca. 210 kcal
5 g Eiweiß
11 g Fett
20 g Kohlenhydrate

1 Den Backofen auf 160° vorheizen. Ein Backblech mit Backpapier auslegen. Die Mandeln und Haselnüsse mit einem großen Messer hacken (alternativ bereits gehackte Mandeln und Nüsse verwenden). Die Haferflocken mit den Mandeln und Nüssen mischen.

2 Das Öl und den Zucker in einer Pfanne bei starker Hitze unter Rühren erhitzen, bis der Zucker sich mit dem Öl zu einer klaren Flüssigkeit verbunden hat. Den Flocken-Nuss-Mix dazugeben und solange unterrühren, bis die Öl-Zucker-Mischung von der Flockenmischung aufgesogen und der Pfannenboden trocken ist.

3 Die Crunchy-Masse auf dem Backblech verteilen und im heißen Backofen (Mitte) 20–25 Min. goldbraun backen, dabei mit dem Bratenwender mehrmals wenden. Anschließend das Crunchy aus dem Backofen nehmen und sofort zum Abkühlen auf einem Tablett verteilen, damit es auf dem heißen Blech nicht nachbräunt.

TIPP

Abwechslung gefällig: Anstelle der Haferflocken eignen sich auch andere Getreideflocken fürs Crunchy. Mit frischen Früchten und laktosefreiem Naturjoghurt erhalten Sie daraus im Handumdrehen eine gesunde Zwischenmahlzeit, die garantiert lange satt macht.

Super für den Vorrat: Wer will, kann gleich die doppelte Menge zubereiten. In einem verschließbaren Gefäß bleibt das Hafer-Nuss-Crunchy 4–6 Wochen knusprig.

LECKERER
NUSS-MIX

HIRSEFRÜHSTÜCK

mit Mandeldrink und Chiasamen

60 g Hirse
50 g Himbeeren
(frisch oder TK)
1 Banane
20 g gehackte Mandeln
1 EL Chiasamen
100 ml Mandeldrink
1 EL Honig (nach Belieben)

Für 2 Personen
20 Min. Zubereitung

Nährwert pro Portion:

ca. 335 kcal
7 g Eiweiß
9 g Fett
55 g Kohlenhydrate

1 Die Hirse in einem Sieb kalt abspülen und in einem kleinen Topf mit 200 ml Wasser einmal aufkochen. Die Herdplatte ausschalten und die Hirse zugedeckt auf der warmen Herdplatte ca. 10 Min. quellen lassen. Dann vom Herd nehmen und abkühlen lassen.

2 Inzwischen die Himbeeren verlesen, waschen und trocken tupfen. (TK-Ware in die gequollene, noch nicht abgekühlte Hirse rühren, dann kühlt die Hirse schneller ab und die Beeren tauen gleichzeitig auf.)

3 Die Banane schälen, in feine Würfel schneiden und mit den Himbeeren in eine Schüssel geben. Die gehackten Mandeln, die Hirse und die Chiasamen unterrühren. Den Mandeldrink dazugießen und gründlich unterziehen. Das Müsli nach Belieben mit Honig süßen und zum Servieren auf Schälchen verteilen.

TIPP

Um morgens etwas Zeit zu sparen, können Sie die Hirse für dieses frische und gesunde Frühstück für mehrere Tage vorkochen. Ihnen schmeckt ein anderes Obst besser? Wählen Sie einfach Ihre Lieblingssorten!

AUCH PRIMA
ALS SNACK

GEMÜSE-SMOOTHIE
mit Möhren und Kohlrabi

½ rote Paprikaschote | 100 g Salatgurke |
100 g Kohlrabi | ½ Möhre | Mineralwasser
nach Bedarf | Salz | Pfeffer
Für 2 Personen | 20 Min. Zubereitung

1 Die Paprikahälfte entkernen, waschen
und in feine Würfel schneiden. Die Gurke
putzen, waschen und in feine Würfel
schneiden. Kohlrabi und Möhre schälen und
ebenfalls in feine Würfel schneiden.

2 Die Gemüsewürfel in einen hohen Rührbecher geben und mit dem Stabmixer fein
pürieren (alternativ mit einem Smoothie-
Mixer arbeiten).

3 Das Gemüsepüree mit so viel Mineralwasser auffüllen, bis die gewünschte Kon-

sistenz erreicht ist, und anschließend mit
Salz und Pfeffer würzen. Den Smoothie auf
Gläser verteilen und servieren.

Nährwert pro Portion:

	ca. 30 kcal		0 g Fett
	2 g Eiweiß		5 g Kohlenhydrate

HEIDELBEER-SMOOTHIE

mit Roter Bete

200 g laktosefreier Naturjoghurt | 60 g Heidelbeeren (frisch oder TK) | 50 g Rote Bete | 5 Minzeblätter | 1 TL Honig
Für 2 Personen | 10 Min. Zubereitung

1 Den Joghurt in einen hohen Rührbecher geben. Die Beeren waschen, trocken tupfen und zum Joghurt geben (TK-Ware gefroren verarbeiten).

2 Die Rote Bete putzen, waschen und schälen (dabei am besten Einmalhandschuhe tragen). Die Rote Bete in grobe Würfel schneiden. Die Minzeblätter waschen und trocken tupfen.

3 Die Rote-Bete-Würfel und die Minzeblätter mit dem Honig zum Joghurt geben.

Alle Zutaten mit dem Stabmixer fein pürieren (alternativ mit einem Smoothie-Mixer arbeiten). Den Smoothie auf Gläser verteilen und sofort servieren.

TIPP
Heidelbeeren sind besonders geeignet, wenn Sie noch immer unter zu weichen Stühlen leiden, da sie eine leicht stopfende Wirkung haben. Falls Sie diese Wirkung nicht beabsichtigen, verwenden Sie besser Himbeeren oder Johannisbeeren.

Nährwert pro Portion:

ca. 110 kcal	4 g Fett
5 g Eiweiß	13 g Kohlenhydrate

GEMÜSEWAFFELN

mit Käse

200 ml laktosefreie Milch
20 g Hefe (½ Würfel oder
2 TL Trockenhefe)
130 g Mehl
1 Ei
80 g geriebener Käse
(z. B. Gouda)
120 g Möhren
80 g Zucchini
Salz | Pfeffer
Currypulver
Außerdem:
Fett für das Waffeleisen

**Für 7 Waffeln
30 Min. Zubereitung**

Nährwert pro Stück:

ca. 155 kcal

8 g Eiweiß

7 g Fett

16 g Kohlenhydrate

1 Die Milch in einem kleinen Topf lauwarm erwärmen. Dann in eine Rührschüssel gießen und die Hefe darin zerbröseln. Mehl, Ei und Käse dazugeben und alles mit einem Schneebesen zu einem glatten Teig verrühren.

2 Die Möhren schälen und auf der Gemüsereibe fein raspeln. Die Zucchini putzen, waschen und ebenfalls fein raspeln. Die Möhren- und Zucchiniraspel unter den Waffelteig rühren. Zuletzt den Teig mit Salz, Pfeffer und Curry würzen.

3 Das Waffeleisen vorheizen, mit Fett einpinseln und jeweils ca. 2 EL Teig in die Mitte der unteren Heizplatte geben. Das Waffeleisen schließen und die Waffel ca. 3 Min. knusprig backen. Fertige Waffeln im auf 80° vorgeheizten Backofen warm stellen. Auf diese Weise 6 weitere Waffeln backen und warm servieren.

TIPP
Am besten schmecken die herzhaften Waffeln frisch aus dem Eisen. Sie lassen sich aber auch wunderbar auf Vorrat backen: Einfach vollständig abkühlen lassen, dann einfrieren und zum Servieren im Toaster wieder aufbacken.

LECKER FÜR ZWISCHENDURCH

RÜHREIER MIT BROTWÜRFELN

und gebratenen Tomaten

3 Tomaten
2 TL Öl
4 Toastbrotscheiben
(ersatzweise altbackene
Brotscheiben vom Vortag)
4 Eier
Salz
½ Päckchen TK-Schnitt-
lauch
50 g gekochter Schinken
(am Stück)
Pfeffer

Für 2 Personen
15 Min. Zubereitung

Nährwert pro Portion:

ca. 360 kcal
23 g Eiweiß
20 g Fett
23 g Kohlenhydrate

1 Die Tomaten waschen und halbieren, dabei die Stielan-sätze entfernen. In einer Pfanne 1 TL Öl erhitzen und die Tomatenhälften mit der Schnittfläche nach unten in die Pfanne legen. Zugedeckt bei mittlerer Hitze ca. 5 Min. an-braten, danach warm halten.

2 Inzwischen die Brotscheiben toasten und in ca. 1 cm große Würfel schneiden. Die Eier in einer Schüssel mit 1 Prise Salz und dem Schnittlauch gründlich verquirlen. Den gekochten Schinken in Würfel schneiden und unter die Eiermischung rühren.

3 Das übrige Öl in einer weiteren Pfanne erhitzen und die Brotwürfel dazugeben. Die Eiermischung gleichmäßig über die Brotwürfel gießen und alles bei mittlerer Hitze unter Rühren stocken lassen.

4 Zum Servieren die gebratenen Tomaten mit Salz und Pfef-fer würzen und mit Rühreiern und Brotwürfeln servieren.

EIWEISS-
POWER ZUM
DURCH-
STARTEN

PASTINAKENSUPPE

mit Krabben

250 g Pastinaken
100 g Möhren
2 EL Butterschmalz
100 g mehligkochende
Kartoffeln
400 ml Gemüsebrühe
100 ml Orangensaft
Salz | Pfeffer
100 g TK-Krabben
1 EL Schnittlauchröllchen

Für 2 Personen
30 Min. Zubereitung

Nährwert pro Portion:

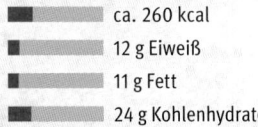

ca. 260 kcal
12 g Eiweiß
11 g Fett
24 g Kohlenhydrate

1 Die Pastinaken und die Möhren schälen und in Würfel schneiden. Das Butterschmalz in einem Topf erhitzen und Pastinaken und Möhren darin kurz andünsten.

2 Inzwischen die Kartoffeln waschen, schälen, in Würfel schneiden und zum Gemüse geben. Die Brühe dazugießen und alles zugedeckt bei schwacher Hitze ca. 10 Min. garen.

3 Dann die Suppe mit dem Stabmixer fein pürieren, sodass eine cremige Suppe entsteht. Den Orangensaft unterrühren und die Suppe mit Salz und Pfeffer abschmecken.

4 Die Krabben waschen, trocken tupfen, in die heiße Suppe geben und darin auf der ausgeschalteten, aber noch warmen Herdplatte in ca. 5 Min. gar ziehen lassen. Die Pastinakensuppe mit Schnittlauch bestreut servieren.

TIPP

Butterschmalz ist nahezu laktosefrei, der Laktosegehalt liegt unter 0,1 g pro 100 g. Sie sind sich unsicher, wie hoch der Laktosegehalt von Schnittkäse, Feta oder Mozzarella ist? Üblicherweise finden Sie eine Nährwertangabe auf den Produkten. Wenn einem Lebensmittel keine süßen Zutaten wie Zucker, Honig oder eine Frucht zugesetzt wurde, entspricht der angegebene Kohlenhydrat- dem Laktosegehalt. Ein Beispiel: Ein Schafskäse enthält laut Verpackung 0,5 g pro 100 g Kohlenhydrate. Das heißt, dass Sie max. 0,5 g Laktose zu sich nehmen, wenn Sie 100 g Schafskäse essen. Derart geringe Mengen vertragen fast alle Laktoseintoleranten ohne Probleme.

CREMIG
GANZ OHNE
SAHNE

KARTOFFEL-MÖHREN-Suppe

400 g mehligkochende Kartoffeln |
300 g Möhren | 2 EL Butterschmalz oder
Öl | 600 ml Gemüsebrühe | Salz | Pfeffer |
½ Bund Dill
Für 2 Personen | 30 Min. Zubereitung

1 Die Kartoffeln waschen, schälen und in
Würfel schneiden. Die Möhren schälen und
in kleine Würfel schneiden.

2 Das Butterschmalz in einem mittelgroßen
Topf erhitzen und die Kartoffel- und Möhren-
würfel darin bei mittlerer Hitze ca. 10 Min.
andünsten.

3 Die Brühe dazugießen, alles mit Salz und
Pfeffer würzen und zum Kochen bringen.
Die Suppe zugedeckt bei schwacher Hitze
ca. 10 Min. köcheln lassen. Inzwischen den

Dill waschen, trocken tupfen, die Spitzen
abzupfen und fein hacken.

4 Die Suppe mit dem Stabmixer fein pürieren, sodass eine cremige Suppe entsteht.
Mit Dill bestreut servieren.

Nährwert pro Portion:

ca. 245 kcal		10 g Fett	
5 g Eiweiß		30 g Kohlenhydrate	

KÜRBIS-APFEL-Suppe

500 g Hokkaido-Kürbis | 2 EL ÖL | 1 oliven-
großes Stück Ingwer | Currypulver |
300 ml Gemüsebrühe | 100 g säuerlicher
Apfel (z. B. Boskop) | 100 ml Orangensaft |
Salz | Pfeffer
Für 2 Personen | 30 Min. Zubereitung

1 Den Kürbis waschen, vierteln und Kerne
und Fasern herauskratzen. Das Kürbisfleisch samt Schale in Würfel schneiden.
Das Öl in einem mittelgroßen Topf erhitzen
und die Kürbiswürfel darin bei mittlerer
Hitze ca. 5 Min. andünsten.

2 Inzwischen den Ingwer schälen, fein
reiben und mit dem Currypulver zum Kürbis
geben. Die Brühe dazugießen, alles aufkochen und zugedeckt bei schwacher Hitze
ca. 10 Min. leicht köcheln lassen.

3 Währenddessen den Apfel waschen,
vierteln und entkernen. Die Viertel in Würfel
schneiden und zur Suppe geben. Alles noch
ca. 5 Min. köcheln lassen, dann mit dem
Stabmixer sämig pürieren.

4 Zuletzt den Orangensaft dazugießen und
unterrühren. Die Suppe zum Servieren mit
Salz und Pfeffer würzen.

Nährwert pro Portion:

ca. 185 kcal	11 g Fett
3 g Eiweiß	17 g Kohlenhydrate

Schnelle LINSENSUPPE

1 Zwiebel (erst ab der Testphase) | 1 Knoblauchzehe (erst ab der Testphase) | 1 Möhre | 1 EL Öl | 130 g rote Linsen (erst ab der Testphase) | 400 ml Gemüsebrühe | 250 g passierte Tomaten (aus der Dose) | 100 g Soja cuisine (oder laktosefreie Sahne) | Salz | Pfeffer | 1 TL getrockneter Oregano | 1 Msp. gemahlener Kreuzkümmel | 1 TL edelsüßes Paprikapulver | 2 EL Zitronensaft
Für 2 Personen | 30 Min. Zubereitung

1 Zwiebel und Knoblauch schälen und in feine Würfel schneiden. Die Möhre schälen und in feine Würfel schneiden. Das Öl in einem Topf erhitzen und Zwiebel, Knoblauch und Möhre darin andünsten.

2 Die Linsen in einem Sieb abbrausen und abtropfen lassen, dann zum Gemüse geben.

Die Brühe dazugießen, alles aufkochen und zugedeckt bei schwacher Hitze ca. 15 Min. köcheln lassen.

3 Die passierten Tomaten und Sojasahne hinzufügen. Die Suppe mit Salz, Pfeffer, Oregano, Kreuzkümmel und Paprikapulver würzen und den Zitronensaft unterrühren.

TIPP
Rote Linsen sind für empfindliche Bäuche besser verträglich als braune Tellerlinsen. Außerdem sind sie in kurzer Zeit weich gegart – ideal, wenn es schnell gehen muss.

Nährwert pro Portion:

ca. 410 kcal		15 g Fett	
21 g Eiweiß		46 g Kohlenhydrate	

LAUCHCREMESUPPE

250 g Lauch (erst ab der Testphase) | 2 meh-ligkochende Kartoffeln | ½ l Gemüsebrühe | 50 g Knollensellerie | 2 EL laktosefreie Sah-ne | 50 g geriebener Parmesan | Salz | Pfeffer
Für 2 Personen | 30 Min. Zubereitung

1 Den Lauch putzen, längs halbieren, gründlich waschen und in Ringe schneiden. Die Kartoffeln waschen, schälen und in Würfel schneiden.

2 Lauch und Kartoffeln mit der Brühe in einen mittelgroßen Topf geben, alles aufkochen und zugedeckt bei mittlerer Hitze ca. 10 Min. weich köcheln lassen. Anschließend die Suppe mit dem Stabmixer fein pürieren.

3 Inzwischen den Sellerie waschen, schälen und auf der Gemüsereibe sehr fein raspeln. Die Sellerieraspel und Sahne zur Suppe geben und mit dem geriebenen Parmesan unterrühren. Zum Servieren die Suppe mit Salz und Pfeffer würzen.

Nährwert pro Portion:

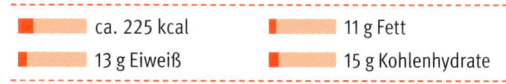

ca. 225 kcal		11 g Fett
13 g Eiweiß		15 g Kohlenhydrate

HÜHNEREINTOPF

mit Kokosmilch und Koriander

250 g Möhren
200 g Staudensellerie
1 Knoblauchzehe (erst ab
der Testphase)
1 EL Öl
Salz
300 ml Gemüsebrühe
200 g Kokosmilch
(aus der Dose)
300 g Hähnchenbrustfilet
100 g Basmati-Reis
Chilipulver
½ Bund Koriander

Für 2 Personen
35 Min. Zubereitung

Nährwert pro Portion:

ca. 615 kcal
44 g Eiweiß
25 g Fett
49 g Kohlenhydrate

1 Die Möhren schälen und in kleine Würfel schneiden. Den Sellerie putzen, waschen und in feine Scheiben schneiden. Den Knoblauch schälen und in feine Würfel schneiden.

2 Das Öl in einem mittelgroßen Topf erhitzen und Möhren, Sellerie und Knoblauch darin bei mittlerer Hitze ca. 5 Min. andünsten, dabei ab und zu umrühren. Das Gemüse mit Salz würzen, dann die Brühe und Kokosmilch dazugießen und alles aufkochen.

3 Inzwischen die Hähnchenbrustfilets abbrausen und trocken tupfen. Das Fleisch in dünne Streifen schneiden und zur Suppe geben. Den Reis in einem Sieb abbrausen und abtropfen lassen, zur Suppe hinzufügen und alles zugedeckt bei schwacher Hitze ca. 12 Min. köcheln lassen.

4 Währenddessen den Koriander waschen, trocken tupfen und die Blätter abzupfen. Zum Servieren die Suppe mit Chilipulver kräftig würzen und mit Koriander bestreuen.

INFO

Kokosmilch hat – anders als ihr Name vermuten lässt – nichts mit Milch von Säugetieren zu tun. Es handelt sich dabei um das ausgepresste Fruchtfleisch der Kokonuss, das keinerlei Laktose enthält.

SEELEN-
WÄRMER
FÜR KALTE
TAGE

ROASTBEEF MIT KÜRBISPÜREE
und Mangoldsauce

Für das Fleisch:
350 g Rinderlende | Salz
1 EL Öl
1 TL Kakaopulver
1 Msp. Chilipulver

Für das Püree:
300 g Hokkaido-Kürbis
1 TL Butter
200 g Kokosmilch
(aus der Dose)
Salz | Pfeffer
1 EL Limettensaft

Für die Sauce:
350 g Mangold
2 EL Öl
Salz | Pfeffer
1 TL Anissamen
4 EL Kokosmilch
(oder laktosefreie Sahne)

Für 2 Personen
1 Std. Zubereitung
1 Std. 30 Min. Garen

Nährwert pro Portion:

ca. 660 kcal
47 g Eiweiß
48 g Fett
10 g Kohlenhydrate

1 Den Backofen auf 85° vorheizen. Das Roastbeef mit Salz würzen. Das Öl in einer Pfanne erhitzen und das Fleisch darin bei starker Hitze rundum ca. 3 Min. anbraten, anschließend wieder herausnehmen.

2 Kakao und Chilipulver auf einem Teller mischen und das Fleisch darin wälzen. Das Fleisch auf dem Ofengitter im heißen Backofen (Mitte) ca. 1 Std. 30 Min. garen. Dabei eine Auflaufform als Auffangschale unter das Gitter schieben.

3 Währenddessen für das Püree den Kürbis waschen, vierteln und Kerne und Fasern herauskratzen. Das Kürbisfleisch in Würfel schneiden. Die Butter in einem Topf zerlassen und die Kürbiswürfel darin andünsten. Die Kokosmilch dazugießen und alles zugedeckt bei schwacher Hitze ca. 10 Min. köcheln lassen. Dann alles im Topf mit dem Stabmixer fein pürieren und das Püree mit Salz, Pfeffer und Limettensaft würzen. Warm halten.

4 Für die Sauce den Mangold putzen, waschen und mit den Stielen in etwa fingerdicke Stücke schneiden. Das Öl in einer Pfanne erhitzen und den Mangold darin bei mittlerer Hitze ca. 10 Min. dünsten, dabei ab und zu umrühren. Mit Salz und Pfeffer würzen. Die Anissamen im Mörser fein zermahlen und zum Mangold geben. Zuletzt die Kokosmilch unter die Sauce rühren, warm halten.

5 Das Roastbeef aus dem Backofen nehmen, quer zur Faser in möglichst dünne Scheiben schneiden und mit dem Kürbispüree und der Mangoldsauce servieren.

ZARTES
FLEISCH
SANFT
GEGART

SPINATLASAGNE
mit Hähnchen

1 Zwiebel (erst ab
der Testphase)
1 EL Öl
150 g Hähnchenbrustfilet
Salz | Pfeffer
500 g TK-Blattspinat
1 Knoblauchzehe (erst ab
der Testphase)
100 g laktosefreier
Frischkäse
75 ml laktosefreie Milch
frisch geriebene
Muskatnuss
1 TL gekörnte Gemüsebrühe
4 Lasagneblätter
40 g geriebener Käse
(z. B. Gouda)

Für 2 Personen
40 Min. Zubereitung
30 Min. Garen

1 Den Backofen auf 200° vorheizen. Die Zwiebel schälen und in feine Würfel schneiden. Das Öl in einem großen Topf erhitzen und die Zwiebelwürfel darin bei mittlerer Hitze ca. 5 Min. andünsten.

2 Das Hähnchenbrustfilet abbrausen, trocken tupfen und in schmale Streifen schneiden. Die Hähnchenstreifen zu den Zwiebelwürfeln geben (Bild 1) und ca. 5 Min. mitdünsten, mit Salz und Pfeffer würzen.

3 Den Spinat tiefgekühlt hinzufügen. Die Knoblauchzehe schälen und dazupressen, alles zugedeckt bei mittlerer Hitze noch ca. 15 Min. garen. Dann Frischkäse und Milch dazugeben (Bild 2) und unterrühren, die Masse mit Salz, Pfeffer, Muskatnuss und Brühpulver würzen.

4 Den Boden einer Auflaufform mit einer Schicht Spinatmasse bedecken und eine Lage Lasagneblätter daraufegen. Nun im Wechsel Spinatmasse und Lasagneblätter darüberschichten, bis alles verbraucht ist. Dabei mit der Spinatmasse enden (Bild 3).

5 Die Lasagne mit dem Käse bestreuen und im heißen Backofen (Mitte) ca. 30 Min. garen. Herausnehmen und vor dem Servieren noch kurz abkühlen lassen (Bild 4).

Nährwert pro Portion:

- ca. 515 kcal
- 35 g Eiweiß
- 26 g Fett
- 34 g Kohlenhydrate

Hier wird nur eine Masse zwischen die Lasagneplatten geschichtet – das Ergebnis ist aber genauso cremig wie der Klassiker.

PILZLASAGNE
mit Schinken

1 Zwiebel (erst ab
der Testphase)
400 g Champignons (ersatzweise andere Pilze)
1 EL Öl
25 g magerer Katenschinken
(in Würfeln)
100 g laktosefreier Schmand
150 ml laktosefreie Milch
Salz | Pfeffer
1 TL getrockneter Oregano
4 Lasagneblätter
40 g geriebener Käse
(z. B. Emmentaler)

Für 2 Personen
20 Min. Zubereitung
30 Min. Garen

Nährwert pro Portion:

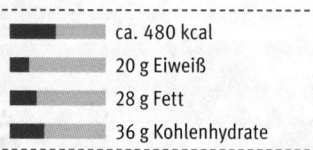

ca. 480 kcal

20 g Eiweiß

28 g Fett

36 g Kohlenhydrate

1 Den Backofen auf 200° vorheizen. Die Zwiebel schälen und in feine Würfel schneiden. Die Pilze putzen, bei Bedarf mit einem Tuch abreiben und in feine Scheiben schneiden.

2 Das Öl in einem großen Topf erhitzen und Zwiebel- und Schinkenwürfel darin unter Rühren bei mittlerer Hitze ca. 5 Min. andünsten. Die Champignons dazugeben und noch ca. 5 Min. mitgaren.

3 Dann den Schmand und die Milch hinzufügen und unterrühren, die Pilzmasse mit Salz, Pfeffer und Oregano würzen.

4 Den Boden einer Auflaufform mit einer Schicht Pilzmasse bedecken und eine Lage Lasagneblätter darauflegen. Nun im Wechsel Pilzmasse und Lasagneblätter darüberschichten, bis alles verbraucht ist. Dabei mit der Pilzmasse enden.

5 Die Lasagne mit dem Käse bestreuen und im heißen Backofen (Mitte) ca. 30 Min. garen. Herausnehmen und vor dem Servieren noch kurz abkühlen lassen.

SCHNELLER NUDELAUFLAUF

mit Rinderhack

150 g Bandnudeln | Salz | 1 Zwiebel (erst ab der Testphase) | 1 TL Öl | 100 g Rinderhackfleisch | 400 g gemischtes TK-Gemüse (z. B. Sommergemüse) | 150 g laktosefreie Sahne | 1 EL gemischte TK-Kräuter | Pfeffer | 60 g geriebener Käse (z. B. Gouda)
Für 2 Personen | 20 Min. Zubereitung | 15 Min. Garen

1 Nudeln in reichlich Salzwasser bissfest garen. Backofen auf 200° vorheizen.

2 Inzwischen die Zwiebel schälen und fein würfeln. Das Öl in einer Pfanne erhitzen und das Hackfleisch mit der Zwiebel darin unter Rühren krümelig anbraten. Das TK-Gemüse dazugeben und zugedeckt bei mittlerer Hitze noch ca. 10 Min. garen.

3 Die Nudeln abgießen und abtropfen lassen, unter das Gemüse mischen und alles gleichmäßig in einer Auflaufform verteilen. Die Sahne mit den Kräutern mischen und mit Salz und Pfeffer würzen. Den Sahneguss über die Nudel-Gemüse-Mischung gießen und mit Käse bestreuen.

4 Den Auflauf im heißen Backofen (Mitte) ca. 15 Min. garen, bis die Oberfläche leicht gebräunt ist. Herausnehmen und vor dem Servieren kurz abkühlen lassen.

Nährwert pro Portion:

	ca. 835 kcal		49 g Fett
	32 g Eiweiß		64 g Kohlenhydrate

HÄHNCHEN-SPARGEL-PFANNE

mit Reis

140 g Basmati-Reis | Salz | 200 g Hähnchen-brustfilet | 1 EL Öl | 300 g Spargel (aus dem Glas) | Pfeffer | ½ Bund Petersilie | 100 g laktosefreier Schmand
Für 2 Personen | 20 Min. Zubereitung

1 Den Reis in einem Topf nach Packungs-anweisung in Salzwasser garen. Inzwischen das Fleisch abbrausen, trocken tupfen und in mundgerechte Stücke schneiden.

2 Das Öl in einer Pfanne erhitzen und die Hähnchenstücke darin bei mittlerer Hitze unter Rühren rundum anbraten. Danach bei mittlerer Hitze noch ca. 7 Min. garen.

3 Währenddessen den Spargel in ein Sieb abgießen und gut abtropfen lassen, in

mundgerechte Stücke schneiden und zum Fleisch geben. Die Hähnchenpfanne mit Salz und Pfeffer würzen.

4 Die Petersilie waschen, trocken tupfen, die Blätter abzupfen und fein hacken. Den Schmand mit der Petersilie mischen und zuletzt vorsichtig unter die Hähnchen-Spargel-Pfanne rühren. Alles nochmals kurz erhitzen und mit dem Reis servieren.

Nährwert pro Portion:

ca. 555 kcal		20 g Fett	
34 g Eiweiß		59 g Kohlenhydrate	

SCHWEINEFILET

mit Gorgonzolasauce

250 g Schweinefilet
4 Scheiben Parmaschinken
100 g laktosefreie Sahne
50 ml laktosefreie Milch
50 g Gorgonzola
Pfeffer
Salz

Für 2 Personen
20 Min. Zubereitung
20 Min. Garen

Nährwert pro Portion:

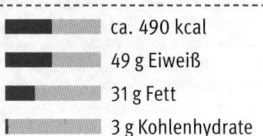

ca. 490 kcal
49 g Eiweiß
31 g Fett
3 g Kohlenhydrate

1 Den Backofen auf 170° vorheizen. Das Filet in vier Stücke schneiden und jeweils mit 1 Scheibe Schinken umwickeln. Die Filets nebeneinander in eine Auflaufform setzen und im heißen Backofen (Mitte) ca. 15 Min. garen.

2 Inzwischen die Sahne mit der Milch in einem kleinen Topf erhitzen. Den Gorgonzola in Würfel schneiden und in der warmen Sahnemilch schmelzen lassen. Mit Pfeffer und wenig Salz würzen (der Gorgonzola ist sehr salzig).

3 Die Filets aus dem Ofen nehmen und die Käsecreme darauf verteilen. Anschließend die Filets im heißen Back-ofen noch ca. 5 Min. weitergaren, bis der Käse goldgelb überbacken ist. Schmeckt prima mit Nudeln und Feldsalat.

TIPP
Dieses leckere Fleischgericht kann wunderbar vorbereitet werden und lässt sich im Backofen fertig garen, sobald die Gäste eingetroffen sind.

FEINES FÜR GÄSTE

RINDERGULASCH

mit Kürbis und Pflaumen

500 g Hokkaido-Kürbis
300 g Rinderfleisch (z. B. Hochrippe oder aus der Oberschale)
50 g getrocknete Soft-Pflaumen (ohne Stein)
50 g geschälte Mandeln
1 EL Butterschmalz
1 Msp. Zimtpulver
Salz | Pfeffer
300 ml Gemüsebrühe
150 g Nudeln

Für 2 Personen
40 Min. Zubereitung

Nährwert pro Portion:

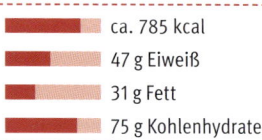

ca. 785 kcal
47 g Eiweiß
31 g Fett
75 g Kohlenhydrate

1 Den Kürbis waschen, vierteln und Kerne und Fasern herauskratzen. Anschließend das Kürbisfleisch samt Schale in mundgerechte Stücke schneiden.

2 Das Rindfleisch ebenfalls in mundgerechte Stücke schneiden. Die Pflaumen vierteln. Die Mandeln in einer beschichteten Pfanne ohne Fett bei mittlerer Hitze rösten. Aus der Pfanne nehmen und abkühlen lassen.

3 Das Butterschmalz in einem mittelgroßen Topf erhitzen und das Fleisch darin mit den Kürbisstücken unter Rühren goldgelb anbraten. Die Soft-Pflaumen und Mandeln dazugeben. Mit Zimt, Salz und Pfeffer würzen, die Brühe dazugießen und alles zugedeckt bei schwacher Hitze ca. 20 Min. köcheln lassen.

4 Währenddessen die Nudeln in reichlich Salzwasser nach Packungsanweisung bissfest garen. In ein Sieb abgießen und abtropfen lassen. Mit dem Gulasch servieren.

WÄRMT IN
HERBST UND
WINTER

EXOTISCHER
FISCH
AUS DEM OFEN

ORANGENROTBARSCH

mit Ingwermöhren

350 g Möhren
1 Bio-Orange
1 EL Öl
1 olivengroßes Stück Ingwer
Salz | Pfeffer
1 Msp. Honig
½ Bund Koriander
2 Rotbarschfilets
(à ca. 150 g)

Für 2 Personen
20 Min. Zubereitung
20 Min. Backen

Nährwert pro Portion:

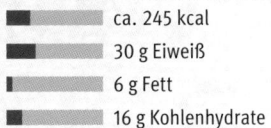

ca. 245 kcal
30 g Eiweiß
6 g Fett
16 g Kohlenhydrate

1 Den Backofen auf 200° vorheizen. Ein Backblech mit Backpapier auslegen. Die Möhren schälen und in dünne Scheiben schneiden. Die Orange heiß waschen und abtrocknen, aus der Mitte 4 dünne Scheiben herausschneiden und beiseitelegen. Die beiden Orangenhälften auspressen.

2 Das Öl in einer Pfanne erhitzen und die Möhrenscheiben darin bei mittlerer Hitze ca. 5 Min. andünsten. Den Ingwer schälen, fein reiben und zu den Möhren geben. Alles mit 6 EL Orangensaft ablöschen und mit Salz, Pfeffer und Honig würzen. Dann bei mittlerer Hitze ca. 3 Min. einkochen lassen, bis die Flüssigkeit fast vollständig eingekocht ist. Den Koriander waschen, trocken tupfen, die Blätter abzupfen und unter die Möhren rühren.

3 Die Ingwermöhren in die Mitte des Blechs setzen. Die Fischfilets abbrausen, trocken tupfen, salzen und auf die Möhren legen. Die Rotbarschfilets mit je 2 Orangenscheiben belegen, dann das Papier darüber zu einem Paket zusammenfalten und die Enden fest verdrehen.

4 Den Fisch im heißen Backofen (Mitte) ca. 20 Min. garen. Herausnehmen und im Backpapier servieren (Vorsicht, beim Öffnen des Pakets kann heißer Dampf entweichen!). Dazu passt Basmati-Reis oder ein knuspriges Baguette.

LACHS mit Schmorgurken

300 g TK-Lachsfilet
Salz | Pfeffer
2 EL Zitronensaft
400 g Schlangengurke
1 TL Öl
½ Bund Dill
30 ml Gemüsebrühe
50 g laktosefreie Sahne
1 TL mittelscharfer Senf

Für 2 Personen
20 Min. Zubereitung

Nährwert pro Portion:

ca. 430 kcal
31 g Eiweiß
32 g Fett
5 g Kohlenhydrate

1 Den tiefgekühlten Fisch in einer beschichteten Pfanne ohne Fett erhitzen und bei mittlerer Temperatur von beiden Seiten 7–10 Min. anbraten, mit Salz und Pfeffer würzen und mit Zitronensaft beträufeln.

2 Inzwischen die Gurke waschen, schälen und der Länge nach halbieren. Die Kerne mit einem Teelöffel entfernen und die Gurkenhälften in ca. 5 mm dünne Scheiben schneiden.

3 Das Öl in einer beschichteten Pfanne erhitzen und die Gurkenscheiben darin bei mittlerer Hitze ca. 7 Min. dünsten. Währenddessen den Dill waschen, trocken tupfen, die Spitzen abzupfen und fein hacken.

4 Die Brühe zu den Gurken gießen und die Sahne sowie den Senf unterrühren. Zum Servieren den Dill unter die Schmorgurken heben. Den Fisch mit den Schmorgurken servieren. Dazu passt Basmati-Reis.

TIPP

Dieses schnelle Gericht ist auch sehr lecker, wenn Sie statt des Fisches die gleiche Menge mundgerecht geschnittenes Hähnchenbrustfilet verwenden. Das Fleisch einfach in der Pfanne in etwas Öl angebraten, die Gurkenstücke dazugeben und alles 5–10 Min. schmoren lassen.

IM NU
FERTIG

MARINIERTER THUNFISCH
auf Tomaten-Zucchini-Gemüse

4 Zweige Rosmarin
1 Bio-Zitrone
1 Knoblauchzehe (erst ab
der Testphase)
2 Thunfischsteaks
(à ca. 200 g, ca. 1 cm dick)
500 g Zucchini
200 g Kirschtomaten
2 EL Öl
Salz | Pfeffer
100 ml Gemüsebrühe

Für 2 Personen
30 Min. Zubereitung
30 Min. Marinieren

Nährwert pro Portion:

ca. 290 kcal
36 g Eiweiß
12 g Fett
8 g Kohlenhydrate

1 Den Rosmarin waschen, trocken tupfen, die Nadeln abzupfen und fein hacken. Die Zitrone heiß waschen, abtrocknen, die Schale fein abreiben und den Saft auspressen.

2 Die Hälfte des Rosmarin mit Zitronenschale und -saft in einem tiefen Teller verrühren. Den Knoblauch schälen und in feine Würfel schneiden, die Hälfte davon unter die Zitronenmarinade mischen.

3 Den Thunfisch abbrausen und trocken tupfen. In die Zitronen-Rosmarin-Marinade legen und darin ca. 30 Min. ziehen lassen, dabei zwischendurch einmal wenden. Währenddessen die Zucchini putzen, waschen und quer in Scheiben schneiden. Die Tomaten waschen und halbieren.

4 Kurz vor dem Ende der Marinierzeit das Öl in einer beschichteten Pfanne erhitzen und die Zucchinischeiben mit dem restlichen Knoblauch darin bei mittlerer Hitze kurz andünsten.

5 Die Zucchini mit Salz, Pfeffer und dem übrigen Rosmarin würzen und die Brühe dazugießen. Die Tomaten dazugeben und in der Brühe ca. 2 Min. erhitzen.

6 Den Thunfisch aus der Marinade nehmen, auf das Gemüsebett legen und zugedeckt bei schwacher Hitze ca. 10 Min. garen. Danach Thunfisch und Gemüse sofort servieren.

Thunfisch enthält kaum Gräten und ähnelt in der Konsistenz eher festem Fleisch als Fisch. Der Salzwasserfisch liefert reichlich Jod, hochwertiges Eiweiß und Vitamin B12.

GRUSS VOM MITTELMEER

GEMÜSEQUICHE

Für den Teig:
200 g Mehl
100 g weiche Butter
4 EL laktosefreie Milch
1 Msp. Salz
Für den Belag:
100 g Brokkoliröschen
(ohne Stiel, erst ab der
Testphase, siehe Tipp)
100 g rote Paprikaschote
50 g Kirschtomaten
250 g laktosearmer
Schmand
200 g laktosefreier
Frischkäse
3 Eier | Salz | Pfeffer
Außerdem:
Fett für die Form
Mehl zum Arbeiten

**Für 1 Springform (26 cm Ø,
für 12 Stücke)
20 Min. Zubereitung
45 Min. Backen**

Nährwert pro Stück:

9 g Eiweiß
28 g Fett
21 g Kohlenhydrate
ca. 370 kcal

1 Den Backofen auf 200° vorheizen. Die Springform leicht einfetten. Für den Teig Mehl, Butter, Milch und Salz in eine Rührschüssel geben und mit den Knethaken des Handrührgeräts zu einem kompakten Teig verkneten.

2 Den Mürbeteig auf der leicht bemehlten Arbeitsfläche mit dem Nudelholz ausrollen und die Springform damit auskleiden. Dabei einen flachen Rand formen und den Boden mit einer Gabel mehrmals einstechen. Den Teig im heißen Backofen (Mitte) ca. 15 Min. vorbacken.

3 Inzwischen für den Belag die Brokkoliröschen putzen und waschen. Die Paprika längs halbieren, entkernen, waschen und fein würfeln. Die Tomaten waschen und halbieren.

4 Den Boden aus dem Backofen nehmen (den Backofen nicht ausschalten) und Brokkoli und Paprika darauf verteilen. Schmand, Frischkäse und Eier in einer kleinen Schüssel verrühren, mit Salz und Pfeffer würzen und über das Gemüse gießen. Zuletzt die Tomaten auf der Oberfläche gleichmäßig verteilen.

5 Die Quiche im heißen Backofen (Mitte) ca. 30 Min. goldbraun backen, bis die Eiersahne stichfest ist. Aus dem Backofen nehmen und kurz abkühlen lassen.

TIPP
Verwenden Sie die Stiele beim Brokkoli bitte nicht mit, da sich vor allem hier die blähenden Substanzen befinden.

Variieren Sie den Gemüsebelag: Anstelle von Brokkoli, Paprika und Tomaten eignen sich genauso gut Zucchini oder vorgegarte Möhren, Pastinaken oder Spargel.

FÜR DIE
GANZE
FAMILIE

SPINATPFANNKUCHEN

mit Käsesauce

Für den Teig:
2 Eier
80 g Mehl
Salz
150 ml laktosefreie Milch
oder Haferdrink
Für die Füllung:
1 Zwiebel (erst ab
der Testphase)
1 Knoblauchzehe (erst ab
der Testphase)
350 g Blattspinat
1 Tomate
2 EL Öl
Salz | Pfeffer
frisch geriebene
Muskatnuss
Für die Sauce:
100 g laktosefreie Sahne
80 g geriebener Parmesan

Für 2 Personen
30 Min. Zubereitung

1 Für den Teig Eier, Mehl, 1 Prise Salz, Milch und 3 EL Wasser in einer Rührschüssel mit einem Schneebesen zu einem glatten Teig verarbeiten. Bis zur Verwendung beiseitestellen und quellen lassen.

2 Für die Füllung Zwiebel und Knoblauch schälen und in feine Würfel schneiden. Den Spinat putzen, waschen, trocken schleudern und fein schneiden. Die Tomate waschen und in Würfel schneiden, dabei den Stielansatz entfernen.

3 In einem Topf 1 EL Öl erhitzen und Zwiebel und Knoblauch darin andünsten. Den Spinat dazugeben und ca. 3 Min. zusammenfallen lassen. Mit Salz, Pfeffer und Muskat würzen, dann den Spinat in einem Sieb abtropfen lassen. Den Spinat zurück in die Pfanne geben, die Tomaten hinzufügen und alles noch ca. 1 Min. garen. Für die Sauce die Sahne mit dem Parmesan in einem kleinen Topf unter Rühren erhitzen, dann warm stellen.

4 Das übrige Öl in einer beschichteten Pfanne erhitzen und darin aus der Hälfte des Teiges einen Pfannkuchen backen, herausnehmen und warm stellen. Anschließend einen zweiten Pfannkuchen backen. Jeweils die Hälfte der Spinatfüllung auf einen Pfannkuchen geben und diesen zusammenklappen. Mit der Käsesauce beträufelt servieren.

TIPP

Alternativ können Sie für die Füllung auch tiefgekühlten Spinat verwenden. Er muss dann entweder vorher aufgetaut sein oder ca. 10 Min. in der Pfanne dünsten.

Nährwert pro Portion:

ca. 685 kcal
33 g Eiweiß
45 g Fett
37 g Kohlenhydrate

DAS
MÖGEN
KINDER
GERN

SCHNELLE PILZPFANNE mit Polenta

80 ml laktosefreie Milch | 100 g Maisgrieß (Polenta) | 10 g Butter | 20 g geriebener Parmesan | Salz | Pfeffer | frisch geriebene Muskatnuss | 400 g gemischte Pilze (z. B. Champignons, Egerlinge) | ½ Bund Thymian | 3 EL Öl | 1 EL Zitronensaft
Für 2 Personen | 50 Min. Zubereitung | 1 Std. Kühlen

1 Für die Polenta die Milch mit 400 ml Wasser in einem kleinen Topf aufkochen. Den Grieß mit einem Schneebesen einrühren und bei schwacher Hitze ca. 20 Min. unter Rühren köcheln lassen.

2 Butter und Parmesan unterrühren, mit Salz, Pfeffer und Muskatnuss würzen. Die Polenta auf einem mit Wasser benetzten tiefen Teller ca. 1 Std. abkühlen lassen.

3 Inzwischen die Pilze putzen, bei Bedarf abreiben und halbieren oder vierteln. Den Thymian waschen, trocken tupfen, die Blätter abzupfen und fein hacken.

4 In einer Pfanne 1 EL Öl erhitzen und die Pilze darin anbraten. Mit Thymian bestreuen und mit Salz und Pfeffer würzen. Die Pilze mit Zitronensaft und 1 EL Öl beträufeln und noch ca. 5 Min. ziehen lassen. Zum Servieren die Polenta in Rauten schneiden und in einer beschichteten Pfanne im übrigen Öl von beiden Seiten anbraten. Mit den Pilzen servieren.

Nährwert pro Portion:

ca. 445 kcal		25 g Fett
15 g Eiweiß		42 g Kohlenhydrate

AUBERGINENPFANNE mit Baguette

200 g Aubergine | 1 Zucchino | je ½ rote
und gelbe Paprikaschote | 5 EL Öl |
1 Dose stückige Tomaten (400 g) | Salz |
Pfeffer | 6 Scheiben Baguette
Für 2 Personen | 20 Min. Zubereitung

1 Die Auberginen und den Zucchino
putzen, waschen und getrennt in Würfel
schneiden. Die Paprikahälften entkernen,
waschen und in Würfel schneiden.

2 Das Öl in einer beschichteten Pfanne
erhitzen und Auberginen und Paprika darin
bei mittlerer Hitze ca. 3 Min. andünsten. Die
Zucchiniwürfel dazugeben und alles noch
ca. 5 Min. dünsten, bis das Gemüse gegart,
aber noch bissfest ist.

3 Zuletzt die Tomatenstücke hinzufügen,
alles nochmals erhitzen und mit Salz und
Pfeffer würzen. Die Baguettescheiben nach
Belieben im Toaster rösten und mit der
Auberginenpfanne servieren.

Nährwert pro Portion:

ca. 465 kcal	26 g Fett
10 g Eiweiß	46 g Kohlenhydrate

ASIAGEMÜSE mit Cashewkernen

½ Gemüsezwiebel (erst ab
der Testphase)
2 Möhren
1 Zucchino
1 Knoblauchzehe (erst ab
der Testphase)
3 EL Öl
100 g Bambussprossen
(aus dem Glas)
100 g Mungobohnen-
sprossen (aus dem Glas)
100 g Basmati-Reis
Salz
50 g Cashewkerne
2 EL Sojasauce
1 TL Sambal Oelek

**Für 2 Personen
30 Min. Zubereitung**

1 Die Zwiebel schälen und in Streifen schneiden. Die Möhren schälen und in feine Scheiben schneiden. Den Zucchino putzen, waschen und quer in Scheiben schneiden. Den Knoblauch schälen und in feine Würfel schneiden.

2 Das Öl in einem Wok oder einer Pfanne erhitzen und Zwiebel und Möhren darin ca. 5 Min. dünsten. Bambussprossen und Mungobohnensprossen in ein Sieb abgießen und gut abtropfen lassen. Mit Zucchino und Knoblauch zu den Möhren geben und das Gemüse zugedeckt bei mittlerer Hitze noch ca. 5 Min. garen.

3 Inzwischen den Reis in Salzwasser nach Packungsanweisung garen. Die Cashewkerne in einer beschichteten Pfanne ohne Fett bei mittlerer Hitze rösten, aus der Pfanne nehmen und abkühlen lassen.

4 Das Gemüse mit 2 EL Wasser ablöschen und die Cashewkerne hinzufügen. Mit Sojasauce und Sambal Oelek würzen und mit dem Reis servieren.

TIPP
Wer mag, kann noch 150 g Schweinegeschnetzeltes separat anbraten und zum Servieren unter das Gemüse mischen.

Nährwert pro Portion:

ca. 555 kcal
16 g Eiweiß
27 g Fett
61 g Kohlenhydrate

Die Asia-Gemüsepfanne schmeckt genauso gut auch ohne Zwiebel und Knoblauch. Als Ersatz können Sie dafür noch 1 rote Paprikaschote – in Streifen geschnitten – untermischen.

MIT HOCH WERTIGEN FETTEN

MÖHREN-ZUCCHINI-GEMÜSE

mit Parmesansauce

300 g Möhren | 300 g Zucchini | 1 EL Öl |
100 g laktosefreier Schmand | 50 g geriebener Parmesan | Salz | Pfeffer
Für 2 Personen | 20 Min. Zubereitung

1 Die Möhren schälen und in Scheiben schneiden. Die Zucchini putzen, waschen und in Scheiben schneiden.

2 Das Öl in einer beschichteten Pfanne erhitzen und die Möhren darin zugedeckt bei mittlerer Hitze ca. 5 Min. andünsten, dabei ab und zu umrühren.

3 Die Zucchini zu den Möhren geben und alles noch ca. 5 Min. dünsten, bis das Gemüse gegart, aber noch bissfest ist.

4 Zuletzt Schmand und Parmesan unterrühren und das Gemüse mit Salz und Pfeffer würzen. Dazu schmecken Salzkartoffeln oder Nudeln.

Nährwert pro Portion:

ca. 315 kcal	24 g Fett
14 g Eiweiß	11 g Kohlenhydrate

GEMÜSERÖSTI

mit Kräuterjoghurt

250 g Süßkartoffeln oder Pastinaken |
200 g Möhren | 1 Bund Schnittlauch |
3 Eier | Currypulver | Salz | Pfeffer | 3 EL Öl |
250 g laktosefreier Naturjoghurt
Für 2 Personen | 40 Min. Zubereitung

1 Die Süßkartoffeln oder Pastinaken und
die Möhren schälen und auf der Gemüsereibe grob raspeln. Den Schnittlauch waschen, trocken tupfen und in feine Röllchen
schneiden.

2 Die Gemüseraspel in einer Schüssel mit
den Eiern und der Hälfte des Schnittlauchs
gründlich mischen und mit Curry, Salz und
Pfeffer würzen.

3 Das Öl in einer Pfanne erhitzen und mit
einem Esslöffel kleine Rösti nebeneinander
hineinsetzen. Die Rösti bei mittlerer Hitze
auf jeder Seite ca. 4 Min. braten. Aus der
Pfanne nehmen und warm stellen.

4 Inzwischen den Joghurt mit dem übrigen
Schnittlauch verrühren und mit Salz und
Pfeffer würzen. Die warmen Rösti mit dem
Kräuterjoghurt servieren.

Nährwert pro Portion:

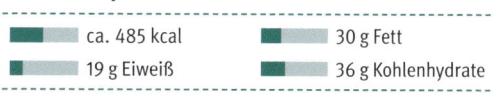

ca. 485 kcal	30 g Fett
19 g Eiweiß	36 g Kohlenhydrate

BROKKOLI-NUDEL-AUFLAUF

mit Tomaten

140 g Nudeln
(z. B. Spiralnudeln)
Salz
300 g Brokkoliröschen
(ohne Stiel, erst ab der
Testphase)
½ l Gemüsebrühe
1 Zwiebel (erst ab der
Testphase)
2 Tomaten
100 g laktosefreier Schmand
50 ml laktosefreie Milch
Pfeffer
frisch geriebene
Muskatnuss
100 g geriebener Käse
(z. B. Gouda)

Für 2 Personen
30 Min. Zubereitung
20 Min. Garen

1 Den Backofen auf 200° vorheizen. Die Nudeln in reichlich Salzwasser nach Packungsanweisung bissfest garen. Abgießen und abtropfen lassen.

2 Die Brokkoliröschen putzen, waschen und in einem Topf in der Brühe bissfest garen. Abgießen und gut abtropfen lassen. Inzwischen die Zwiebel schälen und in feine Würfel schneiden. Die Tomaten waschen und in Würfel schneiden, dabei die Stielansätze entfernen.

3 Nudeln, Brokkoliröschen, Zwiebel und Tomatenwürfel mischen und in eine Auflaufform geben. Den Schmand mit der Milch glatt verrühren, mit Salz, Pfeffer und Muskatnuss würzen und gleichmäßig über die Gemüsemischung gießen.

4 Den Auflauf mit Käse bestreuen und im heißen Backofen (Mitte) ca. 20 Min. backen. Herausnehmen und vor dem Servieren kurz abkühlen lassen.

TIPP

Wer mag, kann noch 200 g Hackfleisch in einer Pfanne in etwas Öl unter Rühren krümelig anbraten und – vor dem Überbacken – unter das Gemüse mischen. Anstelle der Nudeln lassen sich auch 300 g vorgegarte Kartoffeln prima mit dem Gemüse überbacken.

Nährwert pro Portion:

ca. 595 kcal
28 g Eiweiß
26 g Fett
59 g Kohlenhydrate

BANDNUDELN
mit buntem Gemüse

140 g Bandnudeln | Salz | 1 Zwiebel (erst ab der Testphase) | 1 gelbe Paprikaschote | 1 Zucchino | 150 g Kirschtomaten | 1 EL Öl | Pfeffer | 100 g laktosefreier Schmand | 50 ml laktosefreie Milch | ½ TL gekörnte Gemüsebrühe
Für 2 Personen | 20 Min. Zubereitung

1 Die Nudeln in reichlich Salzwasser nach Packungsanweisung bissfest garen. In ein Sieb abgießen und gut abtropfen lassen, warm stellen.

2 Inzwischen die Zwiebel schälen und fein würfeln. Die Paprika längs halbieren, entkernen, waschen und würfeln. Zucchino putzen, waschen und würfeln. Tomaten waschen und halbieren.

3 Das Öl in einer Pfanne erhitzen und die Zwiebel darin andünsten. Paprika- und Zucchiniwürfel dazugeben und alles zugedeckt bei schwacher Hitze 5–7 Min. dünsten. Mit Salz und Pfeffer würzen.

4 Die Tomaten zum Gemüse geben, noch ca. 1 Min. garen. Schmand und Milch unterrühren und alles mit Brühpulver würzen. Die Gemüsesauce zu den Nudeln servieren.

Nährwert pro Portion:

ca. 475 kcal	20 g Fett
13 g Eiweiß	60 g Kohlenhydrate

SPARGELEINTOPF

mit Bärlauch

500 g weißer Spargel | 500 g vorwiegend
festkochende Kartoffeln | 350 ml Gemüse-
brühe | 1 Bund Bärlauch (ersatzweise
Schnittlauch) | 100 ml laktosefreie Sahne |
Salz | Pfeffer
Für 2 Personen | 30 Min. Zubereitung

1 Den Spargel waschen und schälen, die
holzigen Enden entfernen und die Stangen
in ca. 3 cm lange Stücke schneiden. Die
Kartoffeln waschen, schälen und in feine
Würfel schneiden.

2 Den Spargel und die Kartoffeln mit der
Brühe in einen Topf geben und darin bei
schwacher Hitze ca. 10 Min. garen.

3 Inzwischen den Bärlauch waschen, trocken tupfen und fein hacken (Schnittlauch
in feine Röllchen schneiden). Den Bärlauch
zum Eintopf geben und die Sahne unterheben. Zum Servieren alles mit Salz und
Pfeffer würzen.

TIPP
Wer mag, gibt am Ende noch 100 g gekoch-
ten Schinken – fein gewürfelt – in den
Spargeleintopf.

Nährwert pro Portion:

ca. 326 kcal		16 g Fett
9 g Eiweiß		36 g Kohlenhydrate

COUSCOUS-SALAT
mit Schafskäse

150 g Couscous
Salz
je ½ rote und gelbe Paprikaschote
100 g Salatgurke
1 Zitrone
je 3 Stiele Petersilie und
Pfefferminze (ersatzweise
½ Päckchen TK-Kräuter)
4 EL Olivenöl
Pfeffer
70 g Schafskäse (Feta)

Für 2 Personen
20 Min. Zubereitung

Nährwert pro Portion:

ca. 555 kcal
16 g Eiweiß
27 g Fett
60 g Kohlenhydrate

1 Den Couscous mit 300 ml Salzwasser in einem kleinen Topf einmal aufkochen. Dann die Herdplatte ausschalten und den Couscous zugedeckt auf der warmen Herdplatte ca. 10 Min. quellen lassen. Anschließend vom Herd nehmen und abkühlen lassen.

2 Inzwischen die Paprikahälften entkernen, waschen und in feine Würfel schneiden. Die Gurke putzen, waschen und in feine Würfel schneiden. Die Zitrone halbieren und aus-pressen. Die Kräuter waschen, trocken tupfen, die Blätter abzupfen und fein hacken.

3 Die Gemüsewürfel mit Zitronensaft, Öl, Salz, Pfeffer und Kräutern in einer Salatschüssel mischen. Den abgekühlten Couscous hinzufügen und gründlich unterheben. Zum Ser-vieren den Schafskäse über den Couscous-Salat bröseln.

TIPP
Schafskäse besitzt einen extrem niedrigen Laktosegehalt von nur ca. 0,5 % beziehungsweise 0,5 g pro 100 g. Damit können ihn auch Personen mit Laktoseintoleranz normaler-weise gut vertragen.

IM
HANDUM-
DREHEN
FERTIG

ZUCCHINI-CARPACCIO

mit Parmesan und Kräutern

300 g Zucchini | Salz | Pfeffer | ½ Päckchen gemischte TK-Kräuter (z. B. Kräuter der Provence) | 1 TL Honig | 3 EL Olivenöl | 1 Tomate | 30 g geriebener Parmesan
Für 2 Personen | 15 Min. Zubereitung

1 Die Zucchini putzen, waschen und auf der Gemüsereibe oder einem großen Messer in dünne Scheiben schneiden. Die Scheiben überlappend auf einem großen Teller anrichten. Mit Salz und Pfeffer würzen.

2 Die Kräuter mit 3 EL Wasser, Honig und Öl in einer kleinen Schüssel mischen und gründlich verrühren. Das Kräuteröl gleichmäßig über die Zucchinischeiben träufeln.

3 Die Tomate waschen und in kleine Würfel schneiden, dabei den Stielansatz entfernen. Zum Servieren das Zucchini-Carpaccio gleichmäßig mit Tomatenwürfeln und Parmesan bestreuen.

Nährwert pro Portion:

ca. 235 kcal | 19 g Fett
8 g Eiweiß | 7 g Kohlenhydrate

FRUCHTIGER FENCHELSALAT

mit Walnüssen

½ große Fenchelknolle | ½ Kaki-Frucht |
150 g laktosefreier Naturjoghurt | 1 EL Zitronensaft | 1 TL Honig | Salz | Pfeffer |
2 EL gehackte Walnusskerne
Für 2 Personen | 20 Min. Zubereitung

1 Den Fenchel halbieren und den Stielansatz entfernen, die Hälften putzen, waschen
und in feine Würfel schneiden.

2 Die Kaki waschen, den Blütenansatz entfernen und die Kaki in feine Streifen schneiden. Die Fenchelwürfel und Kaki-Streifen in
einer Schüssel mischen.

3 Für das Dressing den Joghurt mit dem
Zitronensaft in einer kleinen Schüssel
gründlich verrühren und mit Honig, Salz und
Pfeffer würzen.

4 Die Joghurtsauce über die Fenchel-Kaki-
Mischung geben und den Salat mit den
Walnusskernen bestreut servieren.

Nährwert pro Portion:

ca. 160 kcal	9 g Fett
6 g Eiweiß	13 g Kohlenhydrate

FELDSALAT mit Putenspießen

30 g cremige Erdnussbutter
1 Msp. Chilipulver
Salz
3 EL Kokosmilch
1 TL Honig
1 EL Zitronensaft
1 Knoblauchzehe (erst ab
der Testphase)
2 dünne lange Puten-
schnitzel (à ca. 150 g)
300 g Ananasfruchtfleisch
(frisch oder aus der Dose)
1 rote Paprikaschote
300 g Feldsalat
2 EL Essig
3 EL Öl
Pfeffer
Außerdem:
6 Holzspieße

Für 2 Personen
40 Min. Zubereitung
45 Min. Marinieren
30 Min. Garen

1 Die Erdnussbutter mit Chili, ½ TL Salz, Kokosmilch, Honig und Zitronensaft in einem kleinen Gefäß glatt verrühren. Den Knoblauch schälen, dazupressen und unterrühren.

2 Das Putenfleisch abbrausen, trocken tupfen und längs in ca. 2 cm breite Streifen schneiden. Die Ananas ggf. abtropfen lassen und in mundgerechte Stücke schneiden. Die Paprika längs halbieren, entkernen, waschen und in mundgerechte Stücke schneiden.

3 Jeweils im Wechsel Ananas, Paprika und Fleisch auf die Spieße stecken, dabei das Fleisch schlangenförmig aufstecken. Die Spieße in eine flache Form legen, mit der Erdnussmarinade rundum großzügig bestreichen und ca. 45 Min. marinieren lassen.

4 Den Backofen auf 170° vorheizen. Ein Backblech mit Backpapier auslegen. Die Spieße aus der Marinade nehmen, auf das Blech setzen und im heißen Backofen (Mitte) ca. 30 Min. garen, dabei nach ca. 15 Min. wenden.

5 Währenddessen den Feldsalat verlesen, waschen, trocken schleudern und in eine Schüssel geben. Essig, Öl, Salz und Pfeffer glatt verrühren und unter den Salat mischen. Den Salat mittig auf einen großen Teller (z. B. einen Pizzateller) türmen und die Fleischspieße seitlich daraufsetzen.

Nährwert pro Portion:

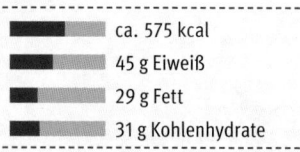

ca. 575 kcal
45 g Eiweiß
29 g Fett
31 g Kohlenhydrate

Wenn Sie die Spieße auf dem Holzkohlegrill zubereiten möchten, am besten Metallspieße und eine Grillschale ohne Löcher verwenden. So tropft kein Saft auf die heiße Glut.

FÜR BÜFETT UND GRILL-PARTY

RÖMERSALAT

mit Himbeerdressing

100 ml Orangensaft | 1 TL mittelscharfer
Senf | 1 EL Aceto balsamico | Salz | Pfeffer |
50 g Himbeeren (frisch oder TK) | 4 EL Raps-
öl | 1 ½ Römersalat
Für 2 Personen | 20 Min. Zubereitung

1 Für das Dressing den Orangensaft in
einem Topf bei mittlerer Hitze etwa auf ein
Drittel einkochen lassen. Den Saft vom Herd
nehmen, mit Senf und Essig glatt verrühren
und mit Salz und Pfeffer würzen.

2 Zum Garnieren 4 Himbeeren beiseitelegen, den Rest auf einem flachen Teller mit
einer Gabel zerdrücken (TK-Ware vorher auftauen lassen). Das Himbeermus zum Dressing geben und mit dem Öl unterrühren.

3 Den Salat waschen, klein schneiden und
trocken schleudern. Die Salatblätter mit
dem Dressing gründlich mischen und mit
den beiseitegelegten Himbeeren garnieren.

Nährwert pro Portion:

ca. 285 kcal	21 g Fett
4 g Eiweiß	19 g Kohlenhydrate

ROTE-BETE-ROHKOST
mit Orangendressing

300 g Rote Bete | 150 g laktosefreier Natur-
joghurt | 50 g laktosefreie Sahne | Salz |
Pfeffer | ½ Bio-Orange | 50 g Cashewkerne
Für 2 Personen | 20 Min. Zubereitung

1 Die Rote Bete waschen, schälen und auf
der Gemüsereibe fein raspeln (dabei am
besten mit Einmalhandschuhen arbeiten!).
Die Raspel auf einem tiefen Teller gleichmäßig verteilen.

2 Den Joghurt mit der Sahne glatt verrühren und mit Salz und Pfeffer würzen. Die
Orange heiß waschen, abtrocknen und die
Schale fein abreiben. Die Orangenschale
unter das Joghurtdressing mischen und
über den Rote-Bete-Raspeln verteilen,
dabei nicht unterrühren.

3 Die Cashewkerne in einer beschichteten
Pfanne ohne Fett bei schwacher Hitze leicht
rösten und über den Salat geben.

TIPP
Sie mögen statt der Cashewkerne lieber
Mandeln, Sesam oder Kürbiskerne? Verwenden Sie einfach, was Ihnen am besten
schmeckt. Der Salat passt übrigens auch
zum Grillabend.

Nährwert pro Portion:

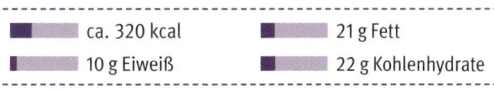

ca. 320 kcal	21 g Fett
10 g Eiweiß	22 g Kohlenhydrate

MEERRETTICH-Gurken-DIP

PFEFFERSAUCE

100 g Salatgurke | 200 g laktosefreier Frisch-
käse | 2 EL Zitronensaft | 2 TL Meerrettich
(frisch oder aus dem Glas) | 30 g Schafskäse
(Feta) | Salz
Für 2 Personen | 10 Min. Zubereitung

1 Die Gurke waschen, auf der Gemüsereibe
grob raspeln und in eine kleine Schüssel
geben. Frischkäse, Zitronensaft und Meer-
rettich mit einem Schneebesen homogen
unter die Gurkenraspel rühren.

2 Den Schafskäse mit einer Gabel auf
einem flachen Teller zerkrümeln und unterrühren, zuletzt den Dip mit Salz würzen.
Passt zu Pellkartoffeln und Fisch.

Nährwert pro Portion:

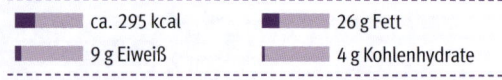

ca. 295 kcal	26 g Fett
9 g Eiweiß	4 g Kohlenhydrate

80 g laktosefreier Schmand | 80 g milchfreie
Mayonnaise (z. B. von Miracel Wip) |
1 EL eingelegte grüne Pfefferkörner |
1 EL Worcestersauce | 1 EL Aceto balsamico |
Salz
Für 2 Personen | 5 Min. Zubereitung

1 Schmand und Mayonnaise in eine kleine
Schüssel geben und mit einem Schneebesen gründlich verrühren.

2 Pfefferkörner, Worcestersauce und Essig
unterrühren. Zuletzt die Sauce mit Salz
abschmecken.

Nährwert pro Portion:

ca. 300 kcal	30 g Fett
2 g Eiweiß	7 g Kohlenhydrate

FRISCHKÄSE-Rucola-DIP

CURRYSAUCE

200 g laktosefreier Frischkäse | 150 g laktosefreier Naturjoghurt | 8 schwarze Oliven (ohne Stein) | 1 Bund Rucola (30 g) | Salz | Pfeffer
Für 2 Personen | 10 Min. Zubereitung

1 Frischkäse und Joghurt in einer kleinen Schüssel mit einem Schneebesen glatt verrühren. Die Oliven klein schneiden. Den Rucola verlesen, waschen und trocken schütteln. Grobe Stiele entfernen und die Blätter fein hacken.

2 Die Oliven und den Rucola mit der Joghurtmischung verrühren und den Dip zuletzt mit Salz und Pfeffer würzen.

Nährwert pro Portion:

ca. 370 kcal	34 g Fett
10 g Eiweiß	8 g Kohlenhydrate

100 g laktosefreier Schmand | 40 g milchfreie Mayonnaise (z. B. von Miracel Wip) | 3 EL Orangensaft | 1 EL Sojasauce | 1 EL Aceto balsamico bianco | 1 TL Honig | 1 Msp. gemahlene Kurkuma | 1–2 TL Currypulver | Salz
Für 2 Personen | 5 Min. Zubereitung

1 Schmand und Mayonnaise in eine kleine Schüssel geben und mit einem Schneebesen gründlich verrühren. Orangensaft, Sojasauce und Essig unterrühren.

2 Zuletzt die Sauce mit Honig, Kurkuma, Curry und Salz würzen und alles nochmals gründlich verrühren.

Nährwert pro Portion:

ca. 260 kcal	22 g Fett
3 g Eiweiß	12 g Kohlenhydrate

FETTARMER TSATSIKI

250 g laktosefreier Naturjoghurt |
250 g laktosefreier Magerquark |
100 g Schlangengurke | 1 Knoblauchzehe
(erst ab der Testphase) | Salz
Für 2 Personen | 20 Min. Zubereitung

1 Den Joghurt und den Quark in einer
Schüssel mit dem Schneebesen glatt
verrühren. Die Gurke waschen und auf der
Gemüsereibe grob raspeln. Die Raspel in
ein feines Sieb geben und ca. 10 Min. abtropfen lassen.

2 Die Gurkenraspel zur Joghurtmischung
geben und gründlich unterrühren. Die Knoblauchzehe schälen, dazupressen und ebenfalls gründlich untermischen. Den Tsatsiki
zuletzt mit Salz würzen.

TIPP
Wer nicht fettarm essen möchte, kann noch
1–2 EL Olivenöl unter das Tsatsiki mischen.

Nährwert pro Portion:

ca. 240 kcal	5 g Fett
23 g Eiweiß	11 g Kohlenhydrate

AIOLI

3 Knoblauchzehen (erst ab der Testphase) |
1 sehr frisches Ei | 1 EL Essig | 1 TL Zucker |
½ TL Salz | 1 TL mittelscharfer Senf |
200 g Raps- oder Olivenöl
Für 4 Personen | 5 Min. Zubereitung

1 Für ein gutes Gelingen sollten alle Zutaten etwa die gleiche Temperatur haben.

2 Die Knoblauchzehen schälen und in
einen hohen Rührbecher geben. Ei, Essig,
Zucker, Salz und Senf hinzufügen und alles
mit dem Stabmixer fein pürieren (alternativ
im Blitzhacker arbeiten). Der Knoblauch soll
dabei vollständig zerkleinert werden.

3 Anschließend das Öl langsam dazulaufen
lassen. Dabei ständig weitermixen, bis das
Aioli steif ist.

TIPP

Aioli ist zu vielen Gerichten und Gelegenhei-
ten eine beliebte Ergänzung. Bei Grillaben-
den ist sie ein Allrounder und passt perfekt
zu Garnelen, gegriltem Gemüse und ist auch
als Brotaufstrich einfach nur lecker.

Nährwert pro Portion:

ca. 480 kcal		52 g Fett	
2 g Eiweiß		2 g Kohlenhydrate	

VANILLEEIS

mit Walnüssen

4 sehr frische Eigelb
70 g Puderzucker
1 TL gemahlene Bourbon-
Vanille
80 g Walnusskerne
150 g laktosefreie Sahne
200 ml laktosefreie Milch

Für 4 Personen
20 Min. Zubereitung
40 Min. Tiefkühlen

Nährwert pro Portion:

ca. 345 kcal
5 g Eiweiß
25 g Fett
23 g Kohlenhydrate

1 Die Eigelbe mit dem Puderzucker und der Vanille in einer Rührschüssel mit den Quirlen des Handrührgeräts in ca. 10 Min. hellgelb und dickschaumig aufschlagen.

2 Die Walnusskerne mit einem großen Messer fein hacken und unter die Eigelbmischung heben. Die Sahne und die Milch ebenfalls zum Eigelbschaum geben und mit dem Schneebesen gleichmäßig unterrühren.

3 Die Masse in der Eismaschine ca. 40 Min. zu einem cremigen, halbfesten Eis gefrieren lassen (alternativ im Tiefkühlfach gefrieren lassen, siehe Tipp). Zum Servieren das Eis mit einem Eisportionierer in Dessertschalen verteilen.

TIPP

Sie haben keine Eismaschine? Dann füllen Sie die Eismasse einfach in eine flache Form und lassen sie zugedeckt im Tiefkühlfach ca. 1 Std. 30 Min. gefrieren. Dabei sollten Sie jedoch am besten alle ca. 15 Min. kräftig mit dem Schneebesen durchrühren, damit sich keine Kristalle bilden.

Wenn Sie die Walnüsse weglassen, erhalten Sie ein klassisches Vanilleeis – lecker zu heißen Himbeeren oder warmem Apple Crumble. Sie können aber auch einfach andere Nüsse wie Macadamia-Nusskerne untermischen.

EDLER KLASSIKER

MARZIPANEIS

mit Schokosplittern

60 g milchfreie Block-
schokolade
4 sehr frische Eigelb
50 g Puderzucker
60 g Marzipanrohmasse
150 g laktosefreie Sahne
200 ml laktosefreie Milch

Für 4 Personen
15 Min. Zubereitung
40 Min. Tiefkühlen

Nährwert pro Portion:

ca. 340 kcal
5 g Eiweiß
22 g Fett
32 g Kohlenhydrate

1 Die Blockschokolade mit einem großen Messer in Raspel schneiden. Die Eigelbe mit dem Puderzucker in einer Rührschüssel mit den Quirlen des Handrührgeräts in ca. 5 Min. hellgelb und dickschaumig aufschlagen.

2 Die Marzipanrohmasse in feine Würfel schneiden und mit den Quirlen des Handrührgeräts unter die Eigelbmischung rühren, so dass eine homogene Masse entsteht. Die Sahne und die Milch ebenfalls zum Eigelbschaum geben und gleichmäßig unterrühren. Zuletzt die Schokoladensplitter unterheben.

3 Die Masse in der Eismaschine in ca. 40 Min. zu einem cremigen, halbfesten Eis gefrieren lassen (alternativ ca. 1 Std. 30 Min. im Tiefkühlfach gefrieren lassen, siehe Tipp S. 106). Zum Servieren das Marzipaneis mit einem Eisportionierer in Dessertschalen verteilen.

TIPP

Wenn Sie auf die Marzipanrohmasse verzichten, erhalten Sie ein Stracciatellaeis. Wer mag, lässt zusätzlich noch milchfreie Kuvertüre im Wasserbad schmelzen, verziert die Eiskugeln damit und genießt das Marzipaneis mit einer extra knusprigen Schokohülle.

WER KANN
DA WIDER-
STEHEN?

Super-schnelles HIMBEEREIS

300 g TK-Himbeeren | 150 g Puderzucker | 200 g laktosefreie Sahne
Für 4 Personen | 10 Min. Zubereitung

1 Die TK-Himbeeren (keine frische Ware verwenden und die Himbeeren nicht antauen lassen!) mit Puderzucker und Sahne in einen hohen Rührbecher geben.

2 Alles mit dem Stabmixer gründlich zerkleinern und solange pürieren, bis eine homogene Masse entstanden ist. Das Eis sofort servieren, dazu mit einem Eisportionierer in Dessertschalen verteilen.

TIPP

Zwar lässt sich dieses Eis nicht auf Vorrat produzieren, dafür ist es aber blitzschnell fertig, so dass Sie ganz spontan eine fruchtige Erfrischung zaubern können. Probieren Sie es auch einmal mit tiefgekühlten Heidelbeeren oder Erdbeeren. Falls Sie süßere Früchte verwenden möchten, wie zum Beispiel TK-Mango, am besten nur 100 g Puderzucker verwenden.

Nährwert pro Portion:

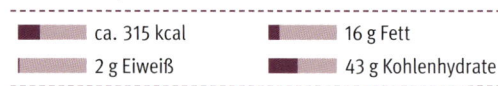

	ca. 315 kcal		16 g Fett
	2 g Eiweiß		43 g Kohlenhydrate

ERDBEEREIS

4 sehr frische Eigelb | 70 g Puderzucker |
200 g Erdbeeren | 150 g laktosefreie Sahne |
200 ml laktosefreie Milch
**Für Personen | 15 Min. Zubereitung |
40 Min. Tiefkühlen**

1 Die Eigelbe mit dem Puderzucker in
einer Rührschüssel mit den Quirlen des
Handrührgeräts in ca. 5 Min. hellgelb und
dickschaumig aufschlagen.

2 Die Erdbeeren putzen, waschen und in
feine Würfel schneiden. Dann mit einer
Gabel auf einem tiefen Teller zerdrücken
und das Erdbeermus unter den Eigelbschaum rühren. Die Sahne und die Milch
ebenfalls unter den Eigelbschaum ziehen.

3 Die Masse in der Eismaschine ca. 40 Min.
zu einem cremigen, halbfesten Eis gefrieren
lassen (alternativ ca. 1 Std. 30 Min. im
Tiefkühlfach gefrieren lassen, siehe Tipp
S. 106). Zum Servieren das Eis mit einem
Eisportionierer in Dessertschalen verteilen.

Nährwert pro Portion:

	ca. 310 kcal		19 g Fett
	10 g Eiweiß		25 g Kohlenhydrate

ANANASSORBET

300 g Ananasfruchtfleisch
(frisch oder aus der Dose)
150 g Rohrzucker
30 ml Zitronensaft
50 ml Orangensaft

Für 2 Personen
15 Min. Zubereitung
40 Min. Tiefkühlen

Nährwert pro Portion:

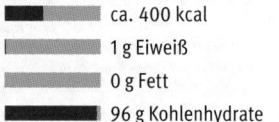

ca. 400 kcal
1 g Eiweiß
0 g Fett
96 g Kohlenhydrate

1 Das Ananasfruchtfleisch in kleine Stücke schneiden und in einen kleinen Topf geben. Rohrzucker, Zitronensaft und Orangensaft dazugeben, erhitzen und bei schwacher Hitze ca. 5 Min. köcheln lassen.

2 Dann die Masse vom Herd nehmen und Ananas und Fruchtsud im Topf mit dem Stabmixer homogen pürieren. Die Mischung abkühlen lassen.

3 Anschließend die Ananasmasse in der Eismaschine 30–40 Min. gefrieren lassen, bis die Masse eine cremige halbfeste Konsistenz erreicht hat. (Alternativ im Tiefkühlfach ca. 2 Std. 30 Min. gefrieren lassen. Damit das Sorbet cremig wird, dabei alle ca. 20 Min. mit einem Schneebesen durchrühren.) Zum Servieren das Sorbet mit einem Eisportionierer in Dessertschalen oder hohe Gläser verteilen.

TIPP
Sorbets enthalten im Gegensatz zur Eiscreme in der Regel keine Milchprodukte – hier dürfen Sie also nach Lust und Laune schlemmen. Bei Fertigprodukten bitte trotzdem die Zutatenliste beachten.

Buntes Eisvergnügen: Mit diesem Mischungsverhältnis von 150 g Zucker, 80 ml Saft und 300 g Fruchtpüree können Sie auch andere Fruchtsorbets wie beschrieben herstellen.

KÜHLENDE
TROPEN-
FRISCHE

EXOTISCHER OBSTSALAT
mit Minzsahne

1 Kiwi
½ Banane
½ Orange
1 Maracuja (Passionsfrucht)
70 g laktosefreie Sahne
1 EL Zucker
70 g laktosefreier Natur-
joghurt
10 Minzeblätter

Für 2 Personen
15 Min. Zubereitung

Nährwert pro Portion:

- ca. 245 kcal
- 4 g Eiweiß
- 12 g Fett
- 27 g Kohlenhydrate

1 Die Kiwi schälen, 2 Scheiben aus der Mitte heraus-schneiden und zum Garnieren beiseitelegen. Die übrigen Kiwi-Hälften in kleine Würfel schneiden. Die Banane und die Orange schälen und in kleine Würfel schneiden. Die Maracuja halbieren und das Fruchtfleisch mit einem Teelöffel herauslösen, falls nötig, ebenfalls in kleine Stücke schnei-den. Alle Früchte in einer Schüssel mischen.

2 Die Sahne mit dem Zucker in einem hohen Rührbecher mit den Quirlen des Handrührgeräts steif schlagen. Anschließend den Joghurt dazugeben und mit einem Teig-spatel vorsichtig unterheben.

3 Die Minzblätter waschen, trocken tupfen, möglichst fein hacken und unter die Joghurtsahne rühren.

4 Zum Servieren den Obstsalat auf zwei Glasschälchen verteilen und die Minzsahne daraufgeben. Jede Portion mit 1 beiseitegelegten Kiwi-Scheibe garnieren.

TIPP
Achten Sie darauf, dass die Kiwi mit dem Joghurt erst kurz vor dem Servieren in Kontakt kommt. Denn die Frucht ent-hält ein Enzym, das den Joghurt bitter werden lässt.

Die Minzsahne schmeckt auch super zu Obstkuchen wie beispielsweise zu einem sommerlichen Erdbeerkuchen.

SÜSSE VITAMIN-BOMBE

MANDEL-GRIESS-FLAMMERI
mit Pflaumensauce

Für den Flammeri:
25 g gehackte Mandeln
¼ l laktosefreie Milch
1½ EL Zucker
1 Ei
2 EL gemahlene Mandeln
45 g Weichweizengrieß
Für die Sauce:
300 g eingelegte Pflaumen
mit 200 ml Einlegesaft
(aus dem Glas)
1½ EL Zucker
½ EL Vanillepuddingpulver
1 Msp. Zimtpulver

Für 2 Personen
25 Min. Zubereitung
30 Min. Kühlen

Nährwert pro Portion:

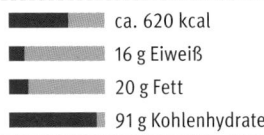
ca. 620 kcal
16 g Eiweiß
20 g Fett
91 g Kohlenhydrate

1 Für den Flammeri die gehackten Mandeln in einem Topf ohne Fett bei mittlerer Hitze unter Rühren hell rösten. Die Milch und den Zucker dazugeben und alles glatt verrühren. Das Ei, die gemahlenen Mandeln und den Weizengrieß ebenfalls hinzufügen (Bild 1) und alles unter Rühren mit einem Schneebesen zum Kochen bringen.

2 Zwei Dessertschälchen mit kaltem Wasser ausspülen und nicht abtrocknen, damit sich der Flammeri darin nach dem Abkühlen gut stürzen lässt. Den heißen Flammeri in die Schälchen füllen (Bild 2) und in ca. 30 Min. abkühlen lassen.

3 Inzwischen für die Sauce die Pflaumen mit dem Einlegesaft in einen hohen Rührbecher geben und mit dem Stabmixer fein pürieren (Bild 3). Das Fruchtpüree mit dem Zucker in einem Topf aufkochen.

4 Das Puddingpulver mit 2 EL kaltem Wasser glatt verrühren, dann unter Rühren zum Fruchtpüree geben. Alles nochmals unter Rühren aufkochen, bis eine sämige Sauce entstanden ist. Die Sauce mit Zimt würzen.

5 Die Hälfte der Pflaumensauce auf Dessertteller verteilen und jeweils einen abgekühlten Flammeri darauf stürzen. Die übrige Sauce über die Flammeri gießen (Bild 4).

Ein Dessert, das sich prima vorbereiten lässt – zum Servieren müssen Sie nur noch die Pflaumensauce erwärmen und über die Flammeris geben.

MILCHREIS
mit Beerenspiegel

150 g TK-Beerenmischung | 300 ml laktosefreie Milch | 60 g Milchreis | 80 g Zucker | 2 Minzeblätter
Für 2 Personen | 20 Min. Zubereitung | 3 Std. Auftauen | 25 Min. Quellen | 5 Std. Abkühlen

1 Für die Sauce die Beeren in einem Sieb auftauen lassen. Das dauert 2–3 Std.

2 Inzwischen für den Milchreis die kalte Milch mit Milchreis und 2 EL Zucker in einen Topf geben und einmal aufkochen. Dann zugedeckt bei schwacher Hitze ca. 10 Min. köcheln lassen, dabei ab und zu umrühren.

3 Anschließend die Hitze abschalten und den Reis zugedeckt auf der warmen Herdplatte noch ca. 25 Min. quellen lassen.

Danach den Milchreis vollständig abkühlen lassen, das dauert 1–2 Std.

4 Währenddessen die Minze waschen und trocken tupfen. Die abgetropften Beeren mit dem Zucker in einem hohen Rührbecher mit dem Stabmixer fein pürieren. Den abgekühlten Milchreis auf zwei Gläser verteilen, mit Beerensauce überziehen und mit je 1 Minzeblatt garnieren.

Nährwert pro Portion:

	ca. 395 kcal		6 g Fett
	8 g Eiweiß		78 g Kohlenhydrate

RHABARBER
mit Knusperhaube

200 g Rhabarber (frisch oder TK) |
30 g Butter | 30 g Zucker | 50 g Mehl | 10 g
zarte Haferflocken | Puderzucker zum Be-
streuen
**Für 2 ofenfeste Förmchen (ca. 150 ml In-
halt) | 20 Min. Zubereitung |
25 Min. Backen**

1 Den Backofen auf 180° vorheizen. Den
Rhabarber putzen, waschen und in fingerdicke Stücke schneiden. Die Rhabarber-
stücke in die Förmchen verteilen (TK-Ware
ohne Auftauen verwenden).

2 Die Butter in einem kleinen Topf zerlassen und vom Herd nehmen. Zucker, Mehl
und Haferflocken einstreuen und alles mit
einer Gabel zu Streuseln verarbeiten.

3 Die Streusel auf den Rhabarberstücken
verteilen und alles im heißen Backofen
(Mitte) ca. 25 Min. goldbraun backen. Aus
dem Backofen nehmen und etwas abkühlen
lassen. Dann mit Puderzucker bestreuen
und warm oder kalt servieren.

Nährwert pro Portion:

ca. 305 kcal	13 g Fett
4 g Eiweiß	42 g Kohlenhydrate

SCHOKO-MANDEL-Drink

20 g Puderzucker | 1 TL Kakaopulver | 400 ml Mandeldrink
Für 2 Gläser (à ca. 200 ml) | 5 Min. Zubereitung

1 Den Puderzucker mit dem Kakaopulver in einer kleinen Schüssel mischen.

2 Den Mandeldrink in einen hohen Rührbecher geben. Die Zucker-Kakao-Mischung hinzufügen und alles mit einem Schneebesen verrühren. Dabei gründlich schwenken, damit sich die selbst gemachte Kakaomischung gut auflöst.

3 Den Schoko-Mandel-Drink auf zwei Gläser verteilen und sofort servieren.

TIPP
Wer mag, gibt in jedes Glas noch 1 Prise Zimtpulver und genießt diesen leckeren Drink warm. Er schmeckt auch wunderbar mit Hafer-, Kokos- oder Sojadrink.

Nährwert pro Portion:

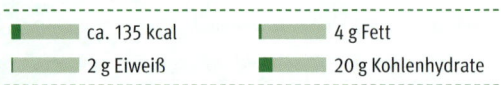

ca. 135 kcal	4 g Fett
2 g Eiweiß	20 g Kohlenhydrate

HAFER-VANILLE-Drink

400 ml Haferdrink | 2 EL laktosefreie Sahne |
1 Päckchen Vanillezucker
Für 2 Gläser (à ca. 200 ml) | 5 Min. Zubereitung

1 Den Haferdrink in einen hohen Rührbecher geben und Sahne und Vanillezucker hinzufügen.

2 Alle Zutaten mit einem Schneebesen so lange gründlich verquirlen, bis sich der Zucker vollständig aufgelöst hat.

3 Den Hafer-Vanille-Drink auf zwei Gläser verteilen und sofort servieren.

TIPP
Wer mag, gibt noch 2 EL pürierte Früchte unter den Drink – Himbeeren, Heidelbeeren oder Banane sind hier wunderbar geeignet. In den Sommermonaten ist es ein erfrischender und kühler Drink, wenn Sie das Obst tiefgekühlt zum Drink geben. Verwenden Sie einfach Ihre Lieblingsfrucht.

Nährwert pro Portion:

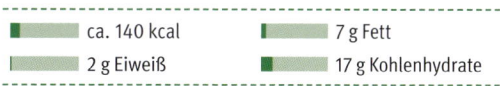

ca. 140 kcal	7 g Fett
2 g Eiweiß	17 g Kohlenhydrate

Fruchtiger **KOKOSDRINK**

100 ml Pfirsichsaft | 200 ml Ananassaft | 200 ml Kokosdrink
Für 2 Gläser (à ca. 250 ml) | 5 Min. Zubereitung | 1 Std. Tiefkühlen

1 Den Pfirsichsaft in Eiswürfelförmchen verteilen und im Tiefkühlfach ca. 1 Std. gefrieren lassen.

2 Den Ananassaft und den Kokosdrink ca. 5 Min. vor dem Servieren je zur Hälfte auf große Gläser verteilen und nur einmal kurz umrühren.

3 Zum Servieren die Pfirsichsaft-Eiswürfel aus den Förmchen lösen und auf die Gläser verteilen. Sofort servieren.

TIPP

Wer mag, nimmt für die Eiswürfel einen Saft in Kontrastfarbe zur hellen Ananas-Kokos-Mischung wie beispielsweise Kirschsaft. Das verändert nicht nur das Aroma, sondern sieht auch wunderbar aus: Je mehr die Eiswürfel schmelzen, umso stärker wird der optische Effekt. Übrigens: Schmeckt auch wunderbar mit Haferdrink.

Nährwert pro Portion:

ca. 85 kcal	0 g Fett
1 g Eiweiß	19 g Kohlenhydrate

APFEL-REIS-Schorle

300 ml Reisdrink | 150 ml Apfelsaft |
30 g TK-Johannisbeeren
Für 2 Gläser (à ca. 250 ml) | 5 Min. Zubereitung

1 Den Reisdrink in einen hohen Rührbecher geben. Den Apfelsaft hinzufügen und mit einem Schneebesen gründlich unterrühren. Die Mischung auf Gläser verteilen.

2 Zum Servieren die gefrorenen Beeren auf die Gläser verteilen und den Drink sofort servieren.

TIPP
Durch die tiefgekühlten Beeren bleibt die Schorle lange kühl und ist an heißen Sommertagen oder nach dem Sport eine wunderbare Erfrischung. Sie mögen lieber Pfirsich- oder Kirschsaft? Kein Problem, wählen Sie einfach einen Saft Ihrer Wahl und ebenso Ihre Lieblingsfrüchte.

Nährwert pro Portion:

ca. 125 kcal   2 g Fett

0 g Eiweiß   24 g Kohlenhydrate

MÜSLIRIEGEL
mit Pinienkernen

80 g getrocknete Feigen
100 g Butter
100 g Rohrzucker
1 EL Honig
140 g zarte Haferflocken
50 g Pinienkerne

Für ca. 20 Stück
30 Min. Zubereitung
20 Min. Backen
20 Min. Kühlen

Nährwert pro Stück:

ca. 115 kcal
1 g Eiweiß
6 g Fett
13 g Kohlenhydrate

1 Eine rechteckige Auflaufform (ca. 20 x 30 cm) mit Backpapier auslegen. Die Feigen in feine Würfel schneiden.

2 Butter, Rohrzucker und Honig in einem mittelgroßen Topf unter Rühren bei schwacher Hitze so lange erhitzen, bis sich der Zucker vollständig auflöst.

3 Dann Haferflocken und Pinienkerne dazugeben und untermischen. Die Feigenwürfel ebenfalls unterrühren. Die warme Mischung in der Auflaufform gleichmäßig verteilen und mit einem Tortenheber fest andrücken.

4 Die Mischung im nicht vorgeheizten Backofen (Mitte) bei 200° in 15–20 Min. hellbraun backen. Aus dem Backofen nehmen und ca. 20 Min. in der Form abkühlen lassen.

5 Dann die Müsliplatte noch lauwarm mit einem scharfen Messer in ca. 20 Riegel schneiden und auf einem Kuchengitter vollständig abkühlen lassen. Die Riegel halten sich luftdicht verpackt 2–3 Wochen.

MANDELBÄLLCHEN

150 g weiche Butter
125 g Zucker
1 Päckchen Vanillezucker
1 Ei
250 g Mehl
1 Msp. Backpulver
40 g gemahlene Mandeln
24 geschälte Mandeln
(ca. 30 g)

Für ca. 24 Stück
15 Min. Zubereitung
10 Min. Backen

Nährwert pro Stück:

ca. 125 kcal
2 g Eiweiß
7 g Fett
13 g Kohlenhydrate

1 Den Backofen auf 180° vorheizen. Ein Backblech mit Backpapier auslegen. Die Butter mit Zucker und Vanillezucker in eine Rührschüssel geben und alles mit den Quirlen des Handrührgeräts gründlich verrühren.

2 Das Ei hinzufügen und ca. 1 Min. unterrühren. Das Mehl mit dem Backpulver mischen und sieben. Dann mit den gemahlenen Mandeln unter den Teig rühren.

3 Aus dem Teig mit angefeuchteten Händen 24 etwa walnussgroße Bällchen formen, auf das Blech legen und jeweils 1 Mandel oben hineindrücken.

4 Die Mandelbällchen im heißen Backofen (Mitte) ca. 10 Min. backen. Herausnehmen und auf einem Kuchengitter abkühlen lassen.

TIPP
Diese schnellen und leckeren Kekse schmecken nicht nur zur Weihnachtszeit. Probieren Sie das Gebäck anstelle der gemahlenen Mandeln auch einmal mit der gleichen Menge Haselnüsse oder Kokosraspel. Wer mag, dekoriert die Bällchen noch mit dünnen Kuvertürestreifen – die gibt es milchfrei überall im Handel.

Abwechslung erwünscht? Aus dem Teig können Sie nach Belieben auch andere Formen backen, beispielsweise ausgestochene Taler oder ausgeschnittene Rauten.

KLEINE
POWER-
KUGELN

WUNDERBAR
LOCKERES
BAISER

HASELNUSSWÖLKCHEN
mit Schokoüberzug

2 Eiweiß
100 g Puderzucker
1 Päckchen Vanillezucker
1 Msp. Zimtpulver
130 g gemahlene Haselnusskerne
130 g gehackte Haselnuss-
kerne
70 g gehobelte Haselnuss-
kerne
100 g milchfreie Zartbitter-
kuvertüre

Für ca. 50 Stück
15 Min. Zubereitung
25 Min. Backen

Nährwert pro Stück:

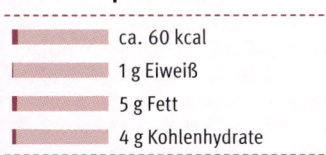

ca. 60 kcal
1 g Eiweiß
5 g Fett
4 g Kohlenhydrate

1 Den Backofen auf 140° vorheizen. Ein Backblech mit Backpapier auslegen.

2 Die Eiweiße in einer Rührschüssel mit den Quirlen des Handrührgeräts zu einem festen Schnee schlagen. Den Puderzucker sieben und unter den Eischnee heben.

3 Vanillezucker, Zimt und die gemahlenen sowie die gehackten Haselnusskerne ebenfalls zum Eischnee hinzu-fügen und alles mit einem Teigspatel vorsichtig unterheben.

4 Die gehobelten Haselnusskerne auf einen tiefen Teller geben. Aus der Masse mit zwei Teelöffeln ca. 50 kleine Wölkchen formen, in den Haselnussblättchen vorsichtig wenden und auf das Blech setzen.

5 Die Wölkchen im heißen Backofen (Mitte) ca. 25 Min. backen. Herausnehmen, mit dem Backpapier vorsichtig auf ein Kuchengitter ziehen und abkühlen lassen.

6 Die Kuvertüre nach Packungsanweisung schmelzen und mit einem Löffel feine Fäden damit über die Haselnusswölk-chen ziehen. Auf einem Kuchengitter fest werden lassen.

Mallorquinischer MANDELKUCHEN

6 Eier
200 g Puderzucker
1 Bio-Zitrone
250 g gemahlene Mandeln
Salz
1 TL Zimtpulver
Außerdem
Puderzucker
zum Bestäuben

**Für 1 Springform (26 cm Ø,
für 12 Stücke)
20 Min. Zubereitung
30 Min. Backen**

Nährwert pro Stück:

ca. 235 kcal
8 g Eiweiß
14 g Fett
19 g Kohlenhydrate

1 Den Backofen auf 180° vorheizen. Die Springform mit Backpapier auskleiden. Die Eier trennen.

2 Die Eigelbe mit dem Puderzucker in eine Rührschüssel geben und mit den Quirlen des Handrührgeräts hellgelb und schaumig aufschlagen.

3 Die Zitrone heiß waschen, abtrocknen und die Schale fein abreiben. Die Zitronenschale mit Mandeln, 1 Prise Salz und Zimt zur Eigelbmasse geben und gründlich unterrühren.

4 Die Eiweiße in einer weiteren Schüssel mit den Quirlen des Handrührgeräts zu einem steifen Schnee schlagen und mit einem Teigspatel unter die Mandelmasse heben.

5 Die Masse in die Form füllen und im heißen Backofen (Mitte) ca. 30 Min. backen. Herausnehmen und auf einem Kuchengitter abkühlen lassen. Zum Servieren den abgekühlten Kuchen gleichmäßig mit Puderzucker bestäuben.

Der Mandelkuchen ist ohne Mehl gebacken, dank der vielen Eier und der gemahlenen Mandeln wird er super-locker und saftig. Wer will, überzieht ihn mit einem Zitronenzuckerguss statt ihn mit Puderzucker zu bestäuben.

SÜSSE
URLAUBS-
GRÜSSE

KÄSEKUCHEN
mit Mohn-Quark-Füllung

Für den Teig:
200 g Mehl | 1 TL Backpulver
75 g Zucker
100 g weiche Butter | 1 Ei
Für die Käsemasse:
4 Eier
750 g laktosefreier Quark
150 g Zucker
1 Päckchen Vanillezucker
1½ Päckchen Vanille-
puddingpulver
100 ml laktosefreie Milch
150 g laktosefreie Sahne
30 g Blaumohn
Außerdem:
Fett für die Form
Mehl zum Arbeiten

**Für 1 Springform (26 cm Ø,
für 12 Stücke)
30 Min. Zubereitung
1 Std. 10 Min. Backen**

Nährwert pro Stück:

ca. 380 kcal
14 g Eiweiß
16 g Fett
39 g Kohlenhydrate

1 Den Backofen auf 170° vorheizen. Den Boden der Form mit Backpapier auslegen und die Ränder leicht einfetten. Für den Teig das Mehl mit Backpulver und Zucker in einer Rührschüssel mischen. Die Butter in Flöckchen daraufsetzen, das Ei hinzufügen und alles mit den Knethaken des Handrührgeräts zu einem Mürbeteig verarbeiten.

2 Zwei Drittel des Teiges auf der leicht bemehlten Arbeitsfläche mit dem Nudelholz ausrollen und den Boden der Form damit auslegen. Aus dem restlichen Mürbeteig einen Rand formen.

3 Für die Käsemasse die Eier trennen. Den Quark mit 100 g Zucker, Eigelben und Vanillezucker in einer Schüssel mit den Quirlen des Handrührgeräts verrühren. Das Vanillepuddingpulver mit der Milch glatt verrühren und mit Sahne und Mohn unter die Quarkmasse rühren.

4 Die Eiweiße mit dem übrigen Zucker zu einem festen Schnee schlagen und mit einem Teigspatel unter die Käsemasse ziehen.

5 Die Käsemasse gleichmäßig auf dem Teigboden verteilen und den Kuchen im heißen Backofen (Mitte) ca. 1 Std. 10 Min. backen. Falls die Quarkmasse zu stark bräunt, den Kuchen mit Alufolie abdecken. Den Kuchen aus dem Backofen nehmen und in der Form vollständig abkühlen lassen.

Obstfans können nach Belieben noch 200 g Sauerkirschen, abgetropft aus dem Glas, oder aus der Tiefkühltruhe unter die Käsemasse heben.

BELIEBTER
KLASSIKER

Schneller SCHOKO-NUSS-KUCHEN

300 g Mehl | 1 Päckchen Backpulver |
280 g Zucker | 130 g Kakaopulver |
200 g gemahlene Haselnusskerne |
2 TL Zimtpulver | 5 Eier | ¼ l Mineralwasser
(mit Kohlensäure) | 200 ml Öl | Fett für die
Form
**Für 1 Springform (26 cm Ø, für 12 Stücke) |
15 Min. Zubereitung | 40 Min. Backen**

1 Den Backofen auf 195° vorheizen. Die
Springform leicht einfetten. Das Mehl mit
Backpulver, Zucker, Kakaopulver, Hasel-
nusskernen und Zimtpulver in einer Rührschüssel mischen.

2 Danach die Eier mit dem Mineralwasser
und dem Öl hinzufügen und alles mit den
Quirlen des Handrührgeräts zu einem
homogenen Teig verarbeiten.

3 Den Teig in die Form füllen und im heißen
Backofen (Mitte) ca. 40 Min. backen. Bei
Bedarf mit Alufolie abdecken, falls die
Oberfläche zu dunkel wird. Aus dem Ofen
nehmen und auf einem Kuchengitter voll-
ständig abkühlen lassen.

TIPP
Dieser Kuchen gelingt leicht und ist im Nu
fertig. Da hier flüssiges Fett verwendet wird,
ist langes Kneten oder Schlagen des Teiges
zur guten Fettverteilung nicht nötig. Er lässt
sich auch ganz wunderbar einfrieren.

Nährwert pro Stück:

	ca. 510 kcal		33 g Fett
	10 g Eiweiß		44 g Kohlenhydrate

HEFEPFANNKUCHEN mit Rosinen

100 ml laktosefreie Milch | 1 TL Butter |
1 EL Zucker | 125 g Mehl | 10 g Hefe | 1 Ei |
40 g Rosinen | 1 EL Öl | 1 TL Zimtpulver
**Für 2 Personen | 20 Min. Zubereitung |
30 Min. Gehen**

1 Die Milch in einen kleinen Topf geben,
Butter und Zucker hinzufügen und alles vorsichtig lauwarm erwärmen. Sofort vom Herd
nehmen und die Hefe darin auflösen.

2 Das Mehl in eine Rührschüssel geben
und die lauwarme Hefemilch langsam mit
einem Holzlöffel unterrühren. Dann das Ei
hinzufügen und gründlich unterrühren. Die
Rosinen waschen, in einem Sieb abtropfen
lassen und unter den Teig rühren. Den Teig
zugedeckt an einem warmen Ort ca. 30 Min.
gehen lassen.

3 In einer beschichteten Pfanne jeweils
etwas Öl erhitzen und aus dem Teig nach
und nach bei mittlerer Hitze handteller-
große Fladen backen. Herausnehmen, auf
Küchenpapier abtropfen lassen und warm
halten. Zum Servieren die Hefepfannkuchen
mit Zimt bestäuben.

TIPP
Am besten schmecken die Hefepfann-
kuchen frisch gebacken und noch warm!
Wer will, serviert dazu ein selbst gemachtes
Apfel- oder Pflaumenkompott.

Nährwert pro Portion:

	ca. 455 kcal		14 g Fett
	14 g Eiweiß		69 g Kohlenhydrate

RÜBLIKUCHEN
mit Haselnüssen

6 Eier
150 g Zucker
3 EL Apfelsaft
200 g säuerliche Äpfel
(z. B. Boskop)
150 g Möhren
75 g gehackte Mandeln
50 g gemahlene Haselnuss-
kerne
50 g Paniermehl
75 g Mehl
2 TL Backpulver
Außerdem:
Fett für die Form

**Für 1 Springform (26 cm Ø,
für 12 Stücke)
25 Min. Zubereitung
40 Min. Backen**

Nährwert pro Stück:

ca. 205 kcal
7 g Eiweiß
10 g Fett
23 g Kohlenhydrate

1 Den Backofen auf 190° vorheizen. Den Boden der Form mit Backpapier auslegen und die Ränder leicht einfetten.

2 Die Eier trennen. Die Eigelbe mit 100 g Zucker und dem Apfelsaft in einer Rührschüssel mit den Quirlen des Handrührgeräts schaumig schlagen.

3 Die Äpfel waschen, vierteln und entkernen. Die Möhren schälen und mit den Äpfeln fein raspeln. Apfel- und Möhrenraspel mit Mandeln, Haselnüssen und Paniermehl zur Eigelbmasse geben und gut unterrühren.

4 Das Mehl mit dem Backpulver mischen und ebenfalls hinzufügen, alles gut verrühren. Die Eiweiße mit dem restlichen Zucker zu einem steifen Schnee schlagen und vorsichtig mit einem Schneebesen unter den Teig heben.

5 Den Teig in die Form geben und glatt streichen. Im heißen Backofen (Mitte) ca. 40 Min. backen. Herausnehmen und auf einem Kuchengitter abkühlen lassen.

TIPP

Der Rüblikuchen schmeckt am zweiten Tag noch besser und hält sehr lange frisch. Er lässt sich auch wunderbar einfrieren. Wenn Sie das 1 ½-fache Rezept zubereiten, erhalten Sie die passende Menge für einen Blechkuchen.

Der Kuchen ist nicht nur kalorienarm, sondern auch äußerst vitaminreich.
Wer will, bestäubt ihn zum Servieren mit etwas Puderzucker.

FÜR GROSSE
UND KLEINE
HASEN

APFEL-WALNUSS-TORTE
mit Vanillepudding

Für den Teig:
125 g weiche Butter
125 g Zucker | 1 Ei
250 g Mehl
1 TL Backpulver
Für die Füllung:
4–6 säuerliche Äpfel
(z. B. Boskop)
70 g Walnusskerne
600 g laktosefreie Sahne
3 EL Zucker
1 Päckchen Vanillezucker
1 Päckchen Vanillepuddingpulver
Außerdem:
Fett für die Form
Mehl zum Arbeiten

**Für 1 Springform (28 cm Ø,
für 12 Stücke)
35 Min. Zubereitung
1 Std. Backen**

Nährwert pro Stück:

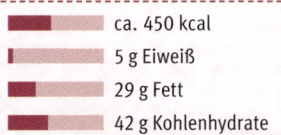

ca. 450 kcal
5 g Eiweiß
29 g Fett
42 g Kohlenhydrate

1 Den Backofen auf 200° vorheizen. Den Boden der Form mit Backpapier auslegen und die Ränder leicht einfetten. Für den Teig Butter, Zucker, Ei, Mehl und Backpulver in einer Rührschüssel mit den Knethaken des Handrührgeräts zu einem Mürbeteig verarbeiten.

2 Die Hälfte des Teigs auf der leicht bemehlten Arbeits- fläche mit dem Nudelholz ausrollen und den Boden damit auslegen. Aus dem restlichen Teig einen Rand formen.

3 Für die Füllung die Äpfel schälen, vierteln und entkernen, besonders große Äpfel achteln. Die Apfelviertel oder -achtel gleichmäßig auf dem Mürbeteig verteilen. Die Walnüsse fein hacken und über die Äpfel streuen.

4 Dann 100 g Sahne mit Zucker, Vanillezucker und Pudding- pulver glatt verrühren. Die restliche Sahne in einem Topf vorsichtig aufkochen und das angerührte Puddingpulver unter Rühren dazugeben. Alles einmal aufkochen, dann den heißen Pudding über die Äpfel gießen.

5 Den Kuchen im heißen Backofen (Mitte) ca. 1 Std. backen. Dabei nach der Hälfte der Backzeit den Kuchen mit Alufolie abdecken, damit er nicht zu stark bräunt. Den Kuchen aus dem Backofen nehmen und auf einem Kuchen- gitter abkühlen lassen.

JOHANNISBEER-MUFFINS

140 g Johannisbeeren
(frisch oder TK)
200 g Mehl
1 TL Backpulver
140 g Zucker
125 g Butter
100 ml laktosefreie Milch
2 Eier
Außerdem:
12 Papierbackförmchen
Puderzucker zum Bestäuben
(nach Belieben)

Für 12 Stück
15 Min. Zubereitung
25 Min. Backen

Nährwert pro Stück:

ca. 205 kcal
3 g Eiweiß
10 g Fett
25 g Kohlenhydrate

1 Den Backofen auf 200° vorheizen. Die Mulden eines Muffinblechs mit Papierbackförmchen auslegen.

2 Die Johannisbeeren verlesen, waschen und abtropfen lassen (TK-Ware gefroren verarbeiten). Das Mehl mit dem Backpulver und dem Zucker in eine Rührschüssel geben und gründlich mischen.

3 Die Butter in einem kleinen Topf zerlassen, dann mit Milch und Eiern zur Mehl-Zucker-Mischung geben. Alle Zutaten vorsichtig, aber gründlich mit den Quirlen des Handrührgeräts verrühren. Zuletzt die Beeren unter den Teig heben.

4 Den Teig in die Förmchen füllen und im heißen Backofen (Mitte) ca. 25 Min. goldbraun backen. Die Muffins herausnehmen und etwas abkühlen lassen. Dann aus den Mulden lösen und auf einem Küchengitter abkühlen lassen. Zum Servieren nach Belieben mit Puderzucker bestäuben.

TIPP

Sowohl diese Muffins als auch die von der nächsten Seite lassen sich wunderbar einfrieren. Da es nur kleine Küchlein sind, tauen sie auch schnell wieder auf, so dass Sie immer einen netten Kuchenvorrat im Haus haben können. Statt der Johannisbeeren eignen sich auch andere säuerliche Früchte wie Himbeeren, Heidelbeeren oder Rhabarber.

Sommerzeit ist Beerenzeit: Anstelle der Johannisbeeren können Sie auch die gleiche Menge Himbeeren oder Heidelbeeren unter den Teig mischen.

FRUCHTIGE SOMMER-KÜCHLEIN

MUFFINS mit Schokostreuseln

100 g milchfreie Block-
schokolade
140 g weiche Butter
125 g Zucker
2 Eier
300 g Mehl
1 Päckchen Backpulver
¼ l laktosefreie Milch
Außerdem:
12 Papierbackförmchen

Für 12 Stück
15 Min. Zubereitung
20 Min. Backen

Nährwert pro Stück:

ca. 280 kcal

5x g Eiweiß

14 g Fett

33 g Kohlenhydrate

1 Den Backofen auf 180° vorheizen. Ein Muffinblech mit Papierbackförmchen auslegen. Die Blockschokolade mit einem großen Messer in Streusel hacken.

2 Die weiche Butter mit dem Zucker und den Eiern in eine Rührschüssel geben und alles mit den Quirlen des Handrührgeräts schaumig schlagen.

3 Das Mehl mit dem Backpulver in einer weiteren Schüssel mischen und abwechselnd mit der Milch unter die Butter-mischung rühren. Zuletzt die gehackte Blockschokolade unterheben.

4 Den Teig in die Förmchen füllen und im heißen Backofen (Mitte) ca. 20 Min. backen. Die Muffins herausnehmen und etwas abkühlen lassen. Dann aus den Mulden lösen und auf einem Küchengitter vollständig abkühlen lassen.

Blockschokolade ist in der Regel milchfrei und daher für alle von Laktoseintoleranz Betroffenen gut verträglich. Im Zweifel doch einen Blick auf die Zutatenliste werfen.

FÜR ALLE SCHOKO-HOLICS

SAHNEKARAMELL-BONBONS

20 g Butter
50 g Zucker
2 EL laktosefreie Sahne
Außerdem:
1 Msp. Vanillezucker zum
Bestreuen

Für 20 Stück
15 Min. Zubereitung
30 Min. Kühlen

Nährwert pro Stück:

 ca. 25 kcal
0 g Eiweiß
2 g Fett
3 g Kohlenhydrate

1 Ein Backblech oder eine kleine hitzebeständige rechteckige Form mit Backpapier auslegen. Die Butter in einer kleinen beschichteten Pfanne zerlassen. Den Zucker dazugeben und alles unter Rühren mit einem Schneebesen bei schwacher Hitze aufkochen. Dabei so lange weiterrühren, bis sich der Zucker vollständig aufgelöst hat und leicht karamellisiert. Der flüssige Zucker sollte sich leicht bräunlich verfärben. Die Pfanne vom Herd nehmen.

2 Dann die Sahne nach und nach in kleinen Portionen vorsichtig dazugießen und unterrühren. Alles nochmals gründlich aufkochen, bis eine bräunliche Masse entstanden ist.

3 Die flüssige Karamellmasse (Vorsicht, heiß!) auf das Backpapier gießen, mit dem Vanillezucker bestreuen und ca. 30 Min. abkühlen lassen. Noch lauwarm in 15–20 mundgerechte Stücke schneiden.

TIPP

Vielleicht stellen Sie in der Testphase fest, dass der Laktosegehalt gekaufter Sahnekaramellbonbons (in geringen Mengen gegessen) auch noch verträglich ist. In der Karenzphase davor genießen Sie am besten Ihre selbst gemachten Bonbons, die nebenbei auch noch vollständig ohne Zusatzstoffe auskommen.

MACHEN
SCHNELL
SÜCHTIG

Wenn Sie die Schokoladenbonbons in verschieden farbige Pralinenförmchen setzen und hübsch verpacken, haben Sie im Handumdrehen ein selbst gemachtes Geschenk, dem bestimmt niemand widerstehen kann.

MEHR
SCHOKO
GEHT NICHT

SCHOKOLADEN-BONBONS

130 g milchfreie Zartbitter-
kuvertüre
100 g Puderzucker
40 g Butter
130 g laktosefreie Sahne
Außerdem:
35 Pralinenförmchen

Für ca. 35 Stück
30 Min. Zubereitung
30 Min. Kühlen

Nährwert pro Stück:

- ca. 50 kcal
- 0 g Eiweiß
- 3 g Fett
- 5 g Kohlenhydrate

1 Eine Auflaufform mit Backpapier auslegen. Die Kuvertüre mit einem großen Messer fein hacken. Anschließend in einen großen Topf geben und Puderzucker, Butter und Sahne hinzufügen.

2 Alles einmal aufkochen, dann die Masse bei mittlerer Hitze unter Rühren 10–13 Min. zu einer dickflüssigen Masse einkochen lassen.

3 Um zu prüfen, ob die richtige Konsistenz erreicht ist, einen Teelöffel Bonbonmasse auf einen Teller geben. Wird sie nach wenigen Sekunden fest, gibt aber auf Druck noch nach, ist sie fertig. Wird sie nicht fest, das Ganze noch wenige Minuten weiter einkochen lassen.

4 Die Schokomasse in die Auflaufform gießen und ca. 30 Min. abkühlen lassen. Anschließend die abgekühlte Schokoplatte in 35 mundgerechte Würfel schneiden und jeweils in ein Pralinenförmchen setzen.

HASELNUSS-PRALINEN

200 g milchfreie Zartbitterkuvertüre |
100 g laktosefreie Sahne | 4 EL Puderzucker |
100 g gehackte Haselnusskerne | 1 EL Kakao-
pulver
**Für ca. 20 Stück | 15 Min. Zubereitung |
1 Std. 30 Min. Kühlen**

1 Die Kuvertüre mit einem großen Messer
fein hacken. Die Sahne in einem Topf zum
Kochen bringen und die Kuvertürespäne
darin unter Rühren mit einem Schneebesen
vollständig auflösen.

2 Den Puderzucker und die Haselnusskerne
dazugeben und alles gleichmäßig unterrühren. Die Masse vom Herd nehmen und
bei Zimmertemperatur ca. 1 Std. 30 Min.
abkühlen lassen.

3 Anschließend aus der abgekühlten
Masse mit den Händen ca. 20 Pralinen-
kugeln formen. Das Kakaopulver in einen
tiefen Teller geben und die Kugeln darin
wenden.

Nährwert pro Stück:

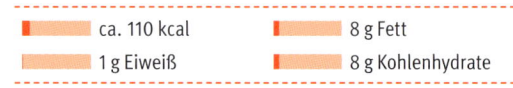

	ca. 110 kcal		8 g Fett
	1 g Eiweiß		8 g Kohlenhydrate

MACADAMIA-KROKANT

100 g Macadamia-Nusskerne | 70 g Rohrzucker
Für ca. 15 Stück | 15 Min. Zubereitung | 20 Min. Kühlen

1 Ein Backblech mit Backpapier auslegen. Die Macadamia-Nusskerne mit einem großen Messer fein hacken.

2 Die Nusskerne mit dem Rohrzucker in einer beschichteten Pfanne ohne Fett bei schwacher Hitze unter Rühren 5–8 Min. rösten, bis der Zucker karamellisiert ist.

3 Die Krokantmasse auf das Blech geben und mit einem großen Messer gleichmäßig darauf verstreichen. Dann 15–20 Min. abkühlen lassen. Zum Servieren die Krokantplatte in 15 kleine Stücke brechen.

TIPP
Diese leckeren kleinen Krokantstückchen lassen sich prima in Zellophantütchen verpackt verschenken. Sie haben nur Mandeln im Haus? Gerne auch mal mit Mandeln und 1 Prise Zimtpulver probieren – das Aroma erinnert an gebrannte Mandeln.

Nährwert pro Stück:

ca. 65 kcal	5 g Fett
1 g Eiweiß	5 g Kohlenhydrate

KÖRNER-STICKS

120 g Dinkelmehl (Typ 630)
120 g zarte Haferflocken
75 g Sonnenblumenkerne
75 g Kürbiskerne
25 g Sesamsamen
25 g Blaumohn
½ TL Salz
2 EL Olivenöl

Für 40 Stück
15 Min. Zubereitung
50 Min. Backen

Nährwert pro Stück:

ca. 55 kcal
2 g Eiweiß
3 g Fett
4 g Kohlenhydrate

1 Den Backofen auf 170° vorheizen. Ein Backblech mit Backpapier auslegen. Alle Zutaten in einer Rührschüssel gründlich mischen.

2 Dann ½ l Wasser dazugießen und alles mit einem Schneebesen gut vermengen. Den Teig auf dem Blech gleichmäßig dünn ausstreichen und im heißen Backofen (Mitte) ca. 15 Min. backen.

3 Danach aus dem Backofen nehmen (den Backofen nicht ausschalten) und die Teigplatte auf dem Blech noch warm in ca. 40 fingergroße Stangen scheiden.

4 Die Sticks wieder auf das Blech legen und im heißen Backofen (Mitte) nochmals ca. 35 Min. backen. Herausnehmen und auf einem Kuchengitter abkühlen lassen.

TIPP

Dieser gesunde Snack ist prima für den Vorrat. Luftdicht in einer Dose verpackt sowie kühl und trocken gelagert, können Sie die Sticks mehrere Wochen aufbewahren. Auch sind die Sticks ideal für eine Party oder fürs Büfett. Wenn Sie den Teig in größere Rechtecke (ca. 6 × 12 cm) schneiden, erhalten Sie selbst gemachtes Körner-Knäckebrot.

MINI-
KNÄCKE
FÜR UNTERWEGS

KÄSE-ROSMARIN-TALER

200 g Emmentaler
(am Stück)
150 g Mehl
1 Zweig Rosmarin
100 g weiche Butter
1 Ei
Außerdem:
Mehl zum Arbeiten

Für ca. 25 Stück
20 Min. Zubereitung
20 Min. Backen

Nährwert pro Stück:

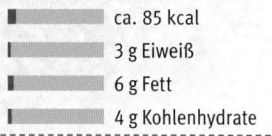

ca. 85 kcal

3 g Eiweiß

6 g Fett

4 g Kohlenhydrate

1 Den Backofen auf 200° vorheizen. Ein Backblech mit Backpapier auslegen.

2 Den Emmentaler fein reiben und mit dem Mehl in einer Rührschüssel mischen. Den Rosmarin waschen, trocken tupfen, die Nadeln abzupfen und fein hacken.

3 Den Rosmarin und die Butter in Flöckchen zur Mehl-Käse-Mischung geben und das Ei hinzufügen. Alles mit den Knethaken des Handrührgeräts zu einem Mürbeteig verarbeiten.

4 Aus dem Teig mit bemehlten Händen walnussgroße Kugeln formen und mit etwas Abstand nebeneinander auf das Blech setzen. Die Taler im heißen Backofen (Mitte) ca. 20 Min. backen, bis sie sich leicht bräunlich verfärbt haben. Aus dem Backofen nehmen und auf einem Kuchengitter abkühlen lassen.

TIPP
Statt des Rosmarin können Sie auch Kräuter der Provence verwenden. Die Taler schmecken dann besonders lecker zu Gemüsesticks (Paprika, Gurke, Staudensellerie, Möhren) und laktosefreien Dips (siehe S. 102–103).

Wer will, rollt den Teig auf der leicht bemehlten Arbeitsfläche aus und sticht Sterne oder Monde aus oder schneidet mit einem Messer kleine Sticks aus.

WÜRZIGER SNACK FÜR UNTERWEGS

SACHREGISTER

A
Allergien 21, 25
Arbeitskreis Diätetik in der
   Allergologie 21

B
Bauchbeschwerden 8, 14ff
Beschwerdebarometer 18
Blähungen 8, 12, 14f, 18, 23
Butter 9, 11
Butterschmalz 9, 11

D
Darm
   Darmbakterien 12, 15
   Darmbewegung 12
Deklarationspflicht 9f
Deutscher Allergie und Asthma-
   bund 21
Diagnose 14f
Dickdarm 12f, 15, 23
Disaccharid 12
Doppelzucker 12
Drei-Stufen-Plan 9, 16ff, 26
Dünndarm 12f, 15, 23

E
Einfachzucker 9, 12
Eiweiß 23, 25
Ernährung
   Ernährungstagebuch 16
   Ernährungstherapeuten 14,
      21, 25
   Laktosearme Ernährung 20f

F
Fett 23, 25

Fettsäuren, kurzkettige 12
Fruktose 21

G/H
Galaktose 9, 24
Gentest 15
Glukose 9, 15
Hartkäse 9, 11, 24
Histamin 21

K
Kantine 26
Karenzphase 16f
Käse
   Herstellung 9
   Laktosegehalt 11
   Sorten 9, 11
Kohlendioxid 12
Kohlenhydrate 9, 12, 23, 25
Kreuzallergien 25
Kuhmilch 9, 24f

L
Laktasepräparate 18, 26
Laktose 9ff, 24ff
Laktosebelastungstest 15
Laktoseintoleranz
   primäre 12
   sekundäre 13

M/N
Mahlzeitenhäufigkeit 16
Medikamente 10
Milchersatzprodukte 24ff
Milchzucker 9ff, 24ff
Molke 9, 11

Monosaccharid 12
Muttermilch 9
Nährstoffversorgung 20

P/R
Peristaltik 12
Pflanzendrinks 24f
Reisen 26
Restaurant 26

S
Sauermilchprodukte 9, 11
Schafmilch 9
Schleimzucker 9
Schnittkäse 9, 11, 24
Sorbit 21
Stuhlgang 8, 12, 14ff
Stutenmilch 9

T/V
Testphase 18f
Traubenzucker 9, 15, 24
Trinken 22
Völlegefühl 8,14

W
Wasserstoff 12
Wasserstoff-Atemtest 14f

Z
Ziegenmilch 9
Zutatenliste 10
Zweifachzucker 15

REZEPTREGISTER

Damit Sie Rezepte mit bestimmten Zutaten noch schneller finden, sind in diesem Register auch beliebte Zutaten wie Kartoffeln und Zucchini alphabetisch eingeordnet und hervorgehoben. Darunter finden Sie das Rezept Ihrer Wahl.

A

Aioli 105
Ananas
Ananassorbet 112
Feldsalat mit Putenspießen 98
Fruchtiger Kokosdrink 122
Apfel
Kürbis-Apfel-Suppe 57
Apfel-Reis-Schorle 123
Apfel-Walnuss-Torte mit Vanillepudding 139
Rüblikuchen mit Haselnüssen 136
Asiagemüse mit Cashewkernen 86
Auberginenpfanne mit Baguette 85
Auflauf
Brokkoli-Nudel-Auflauf mit Tomaten 90
Schneller Nudelauflauf 68
Aufstrich
Dattel-Mandel-Creme 38
Kokos-Kakao-Butter 39
Nuss-Nugat-Creme 39
Pflaumen-Nuss-Aufstrich 38

B

Baguette: Auberginenpfanne mit Baguette 85
Bandnudeln mit buntem Gemüse 92
Bärlauch: Spargeleintopf mit Bärlauch 93
Beeren: Milchreis mit Beerenspiegel 118
Bonbons
Sahnekaramellbonbons 144
Schokoladenbonbons 147
Brokkoli-Nudel-Auflauf mit Tomaten 90
Brot
Fruchtiges Nussbrot 33
Kartoffelbrot mit Haferflocken 34
Rühreier mit Brotwürfeln und Tomaten 52
Schnelles Dinkelbrot 32
Brötchen: Dinkelbrötchen mit Anis und Kümmel 30
Butter
Steinpilzbutter mit Walnüssen 40
Würzige Möhrenbutter 40

C

Carpaccio: Zucchini-Carpaccio 96
Chiasamen: Hirsefrühstück mit Mandeldrink und Chiasamen 46
Couscous-Salat mit Schafskäse 94

Crunchy: Hafer-Nuss-Crunchy 44
Currysauce 103

D

Dattel-Mandel-Creme 38
Dinkel
Dinkelbrötchen mit Anis und Kümmel 30
Körner-Sticks 150
Schnelles Dinkelbrot 32

E

Eier
Gemüsequiche 80
Rühreier mit Brotwürfeln und Tomaten 52
Erdbeereis 111
Exotischer Obstsalat mit Minzsahne 114

F

Feldsalat mit Putenspießen 98
Fenchel: Fruchtiger Fenchelsalat mit Walnüssen 97
Fettarmer Tsatsiki 104
Flammeri: Mandel-Grieß-Flammeri mit Pflaumensauce 116
Frischkäse
Frischkäse-Rucola-Dip 103
Gemüsequiche 80
Meerrettich-Gurken-Dip 102
Spinatlasagne mit Hähnchen 64
Fruchtiger Fenchelsalat mit Walnüssen 97

Fruchtiger Kokosdrink 122
Fruchtiges Nussbrot 33

G

Gemüse
Asiagemüse mit Cashew-
kernen 86
Bandnudeln mit buntem
Gemüse 92
Gemüsequiche 80
Gemüserösti mit Kräuter-
joghurt 89
Gemüse-Smoothie 48
Gemüsewaffeln mit Käse 50
Möhren-Zucchini-Gemüse 88
Gorgonzola: Schweinefilet mit
Gorgonzolasauce 70

Grieß
Mandel-Grieß-Flammeri mit
Pflaumensauce 116
Schnelle Pilzpfanne mit
Polenta 84
Gulasch: Rindergulasch mit
Kürbis und Pflaumen 72

Gurken
Couscous-Salat mit Schafs-
käse 94
Fettarmer Tsatsiki 104
Gemüse-Smoothie 48
Lachs mit Schmorgurken 76
Meerrettich-Gurken-Dip 102

H

Hafer
Hafer-Nuss-Crunchy 44
Hafer-Vanille-Drink 121
Kartoffelbrot mit Hafer-
flocken 34

Körner-Sticks 150
Müsliriegel mit Pinienkernen
124
Rhabarber mit Knusper-
haube 119
Spinatpfannkuchen mit Käse-
sauce 82
Warmer Haferbrei 42

Hähnchen
Hähnchen-Spargel-Pfanne mit
Reis 69
Hühnereintopf mit Kokosmilch
und Koriander 60
Spinatlasagne mit
Hähnchen 64

Haselnüsse
Hafer-Nuss-Crunchy 44
Haselnusspralinen 148
Haselnusswölkchen mit
Schokoüberzug 129
Nuss-Nugat-Creme 39
Pflaumen-Nuss-Aufstrich 38
Rüblikuchen mit Hasel-
nüssen 136
Schneller Schoko-Nuss-
Kuchen 134
Hefepfannkuchen mit Rosinen
135
Heidelbeer-Smoothie mit Roter
Bete 49

Himbeeren
Hirsefrühstück mit Mandeldrink und Chiasamen 46
Römersalat mit Himbeer-
dressing 100
Super-schnelles Himbeer-
eis 110

Hirsefrühstück mit Mandeldrink
und Chiasamen 46
Hühnereintopf mit Kokosmilch
und Koriander 60

J

Joghurt
Exotischer Obstsalat mit Minz-
sahne 114
Fettarmer Tsatsiki 104
Frischkäse-Rucola-Dip 103
Fruchtiger Fenchelsalat mit
Walnüssen 97
Gemüserösti mit Kräuter-
joghurt 89
Heidelbeer-Smoothie mit Roter
Bete 49
Rote-Bete-Rohkost mit Oran-
gendressing 101

Johannisbeeren
Apfel-Reis-Schorle 123
Johannisbeermuffins 140

K

Kartoffel
Kartoffelbrot mit Hafer-
flocken 34
Kartoffel-Möhren-Suppe 56
Lauchcremesuppe mit
Parmesan 59
Pastinakensuppe mit Krabben
54
Spargeleintopf mit
Bärlauch 93

Käse
Brokkoli-Nudel-Auflauf mit
Tomaten 90
Gemüsewaffeln mit Käse 50

Käsekuchen mit Mohn-Quark-
Füllung 132
Käse-Rosmarin-Taler 152
Pilzlasagne mit Schinken 66
Schneller Nudelauflauf 68
Schweinefilet mit Gorgonzola-
sauce 70
Spinatlasagne mit
Hähnchen 64
Spinatpfannkuchen mit Käse-
sauce 82

Kokos
Fruchtiger Kokosdrink 122
Hühnereintopf mit Kokosmilch
und Koriander 60
Kokos-Kakao-Butter 39
Roastbeef mit Kürbispüree
und Mangoldsauce 62
Körner-Sticks 150
Krabben: Pastinakensuppe mit
Krabben 54
Krokant: Macadamia-
Krokant 149

Kürbis
Kürbis-Apfel-Suppe 57
Rindergulasch mit Kürbis und
Pflaumen 72
Roastbeef mit Kürbispüree
und Mangoldsauce 62

L
Lachs mit Schmorgurken 76
Lasagne
Pilzlasagne mit Schinken 66
Spinatlasagne mit
Hähnchen 64
Lauchcremesuppe mit
Parmesan 59
Linsen: Schnelle Linsensuppe 58

M
Macadamia-Krokant 149
Mallorquinischer Mandel-
kuchen 130
Mandeln
Dattel-Mandel-Creme 38
Hafer-Nuss-Crunchy 44
Hirsefrühstück mit Mandel-
drink und Chiasamen 46
Mallorquinischer Mandel-
kuchen 130
Mandelbällchen 126
Mandel-Grieß-Flammeri mit
Pflaumensauce 116
Rindergulasch mit Kürbis und
Pflaumen 72
Schoko-Mandel-Drink 120
Mangold: Roastbeef mit
Kürbispüree und Mangold-
sauce 62
Marinierter Thunfisch auf Toma-
ten-Zucchini-Gemüse 78
Marzipaneis mit Schoko-
splittern 108
Meerrettich-Gurken-Dip 102
Milchreis mit Beerenspiegel 118
Mohn
Käsekuchen mit Mohn-Quark-
Füllung 132
Körner-Sticks 150
Möhren
Asiagemüse mit Cashew-
kernen 86
Gemüserösti mit Kräuter-
joghurt 89
Gemüse-Smoothie 48
Gemüsewaffeln mit Käse 50

Hühnereintopf mit Kokosmilch
und Koriander 60
Kartoffel-Möhren-Suppe 56
Möhren-Zucchini-Gemüse 88
Orangenrotbarsch mit Ingwer-
möhren 75
Pastinakensuppe mit
Krabben 54
Rüblikuchen mit Hasel-
nüssen 136
Schnelle Linsensuppe 58
Würzige Möhrenbutter 40

Muffins
Johannisbeermuffins 140
Muffins mit Schoko-
streuseln 142
Müsliriegel mit Pinienkernen 124

N
Nudeln
Bandnudeln mit buntem
Gemüse 92
Brokkoli-Nudel-Auflauf mit
Tomaten 90
Rindergulasch mit Kürbis und
Pflaumen 72
Schneller Nudelauflauf 68
Nugat: Nuss-Nugat-Creme 39
Nüsse
Fruchtiges Nussbrot 33
Hafer-Nuss-Crunchy 44
Nuss-Nugat-Creme 39
Pflaumen-Nuss-Aufstrich 38
Rüblikuchen mit Hasel-
nüssen 136
Schneller Schoko-Nuss-
Kuchen 134

O

Obstsalat: Exotischer Obstsalat mit Minzsahne 114

Orangen
Exotischer Obstsalat mit Minzsahne 114
Orangenrotbarsch mit Ingwermöhren 75
Rote-Bete-Rohkost mit Oran-
gendressing 101

P

Parmesan
Lauchcremesuppe mit
Parmesan 59
Möhren-Zucchini-Gemüse 88
Schnelle Pilzpfanne mit
Polenta 84
Spinatpfannkuchen mit Käse-
sauce 82
Zucchini-Carpaccio 96
Pastinakensuppe mit
Krabben 54

Pfannkuchen
Hefepfannkuchen mit
Rosinen 135
Spinatpfannkuchen mit Käse-
sauce 82
Pfeffersauce 102

Pflaumen
Mandel-Grieß-Flammeri mit
Pflaumensauce 116
Pflaumen-Nuss-Aufstrich 38
Rindergulasch mit Kürbis und
Pflaumen 72

Pilze
Pilzlasagne mit Schinken 66
Schnelle Pilzpfanne mit
Polenta 84
Steinpilzbutter mit Wal-
nüssen 40
Pinienkerne: Müsliriegel mit
Pinienkernen 124
Polenta: Schnelle Pilzpfanne mit
Polenta 84
Pralinen: Haselnusspralinen 148
Pudding: Apfel-Walnuss-Torte
mit Vanillepudding 139
Pute: Feldsalat mit Puten-
spießen 98

Q

Quark
Fettarmer Tsatsiki 104
Käsekuchen mit Mohn-Quark-
Füllung 132
Quiche: Gemüsequiche 80

R

Reis
Apfel-Reis-Schorle 123
Hähnchen-Spargel-Pfanne mit
Reis 69
Milchreis mit Beeren-
spiegel 118
Rhabarber mit Knusper-
haube 119
Rindergulasch mit Kürbis und
Pflaumen 72
Roastbeef mit Kürbispüree und
Mangoldsauce 62
Römersalat mit Himbeer-
dressing 100

Rosinen: Hefepfannkuchen mit
Rosinen 135
Rösti: Gemüserösti mit Kräuter-
joghurt 89
Rotbarsch: Orangenrotbarsch
mit Ingwermöhren 75

Rote Bete
Heidelbeer-Smoothie mit Roter
Bete 49
Rote-Bete-Rohkost mit Oran-
gendressing 101
Rüblikuchen mit Hasel-
nüssen 136
Rucola: Frischkäse-Rucola-
Dip 103
Rührei mit Brotwürfeln und
gebratenen Tomaten 52

S

Sahne
Exotischer Obstsalat mit Minz-
sahne 114
Sahnekaramellbonbons 144

Schafskäse
Couscous-Salat mit Schafs-
käse 94
Meerrettich-Gurken-Dip 102

Schinken
Pilzlasagne mit Schinken 66
Rührei mit Brotwürfeln und
gebratenen Tomaten 52
Schweinefilet mit Gorgonzola-
sauce 70
Schnelle Linsensuppe 58
Schnelle Pilzpfanne mit
Polenta 84
Schneller Nudelauflauf 68

Schneller Schoko-Nuss-
    Kuchen 134
Schnelles Dinkelbrot 32
Schokolade
    Haselnusswölkchen mit
        Schokoüberzug 129
    Marzipaneis mit Schoko-
        splitern 108
    Muffins mit Schoko-
        streuseln 142
    Schneller Schoko-Nuss-
        Kuchen 134
    Schokoladenbonbons 147
    Schoko-Mandel-Drink 120
Schweinefilet mit Gorgonzola-
    sauce 70
Smoothie
    Gemüse-Smoothie 48
    Heidelbeer-Smoothie mit Roter
        Bete 49
Spargel
    Hähnchen-Spargel-Pfanne mit
        Reis 69
    Spargeleintopf mit
        Bärlauch 93
Spinat
    Spinatlasagne mit
        Hähnchen 64
    Spinatpfannkuchen mit Käse-
        sauce 82
    Steinpilzbutter mit Wal-
        nüssen 40
    Süßkartoffeln: Gemüserösti mit
        Kräuterjoghurt 89
    Super-schnelles Himbeereis 110

T
Thunfisch: Marinierter Thunfisch
    auf Tomaten-Zucchini-
    Gemüse 78
Tomaten
    Auberginenpfanne mit
        Baguette 85
    Bandnudeln mit buntem
        Gemüse 92
    Brokkoli-Nudel-Auflauf mit
        Tomaten 90
    Gemüsequiche 80
    Marinierter Thunfisch auf To-
        maten-Zucchini-Gemüse 78
    Rührreier mit Brotwürfeln und
        gebratenen Tomaten 52
    Schnelle Linsensuppe 58
    Spinatpfannkuchen mit Käse-
        sauce 82
    Würzige Möhrenbutter 40
    Zucchini-Carpaccio 96
Tsatsiki, fettarmer 104

V/W
Vanilleeis mit Walnüssen 106
Waffeln: Gemüsewaffeln mit
    Käse 50
Walnüsse
    Apfel-Walnuss-Torte mit Vanil-
        lepudding 139
    Fruchtiger Fenchelsalat mit
        Walnüssen 97
    Steinpilzbutter mit Wal-
        nüssen 40
    Vanilleeis mit Walnüssen 106
Warmer Haferbrei 42
Würzige Möhrenbutter 40

Z
Zucchini
    Asiagemüse mit Cashew-
        kernen 86
    Auberginenpfanne mit
        Baguette 85
    Bandnudeln mit buntem
        Gemüse 92
    Gemüsewaffeln mit Käse 50
    Marinierter Thunfisch auf To-
        maten-Zucchini-Gemüse 78
    Möhren-Zucchini-Gemüse 88
    Zucchini-Carpaccio 96
Zwieback 36

© 2016 GRÄFE UND UNZER VERLAG GmbH, München
Alle Rechte vorbehalten. Nachdruck, auch auszugsweise, sowie die Verbreitung durch Film, Funk, Fernsehen und Internet, durch fotomechanische Wiedergabe, Tonträger und Datenverarbeitungssysteme jeglicher Art nur mit schriftlicher Genehmigung des Verlages.

Projektleitung: Stefanie Poziombka
Lektorat: Kathrin Gritschneder
Korrektorat: Susanne Elbert
Innen- und Umschlaggestaltung: independent Medien-Design, Horst Moser, München
Illustrationen: Ela Strickert, Hamburg
Herstellung: Renate Hutt
Satz: Longo AG, Bozen
Reproduktion: Longo AG, Bozen
Druck und Bindung:
Schreckhase, Spangenberg
Printed in Germany

Syndication:
www.seasons.agency

01. Auflage 2016
ISBN 978-3-8338-5716-4

Die Fotografin

Coco Lang fotografiert für namhafte Redaktionen und Buchverlage in den Bereichen Food und Lifestyle. Sie setzt Kulinarisches immer wieder mit viel Liebe zum Detail in Szene. Die Bilder in diesem Buch entstanden in Zusammenarbeit mit **Sven Dittmann** (Foodstyling).

Bildnachweis

Alle Fotos: Coco Lang
Alle Illustrationen: Ela Strickert

Titelrezept

Roastbeef mit Kürbispüree und Mangoldsauce (S .62)

Umwelthinweis:

Dieses Buch ist auf PEFC-zertifiziertem Papier aus nachhaltiger Waldwirtschaft gedruckt.

 www.facebook.com/gu.verlag

Ein Unternehmen der
GANSKE VERLAGSGRUPPE

Liebe Leserin, lieber Leser,

haben wir Ihre Erwartungen erfüllt? Sind Sie mit diesem Buch zufrieden? Haben Sie weitere Fragen zu diesem Thema? Wir freuen uns auf Ihre Rückmeldung, auf Lob, Kritik und Anregungen, damit wir für Sie immer besser werden können.

GRÄFE UND UNZER Verlag
Leserservice
Postfach 86 03 13
81630 München
E-Mail:
leserservice@graefe-und-unzer.de

Telefon: 00800 / 72 37 33 33*
Telefax: 00800 / 50 12 05 44*
Mo–Do: 9.00 – 17.00 Uhr
Fr: 9.00 – 16.00 Uhr
(* gebührenfrei in D, A, CH)

Ihr GRÄFE UND UNZER Verlag
Der erste Ratgeberverlag – seit 1722.

Backofenhinweis:

Die Backzeiten können je nach Herd variieren. Die Temperaturangaben in unseren Rezepten beziehen sich auf das Backen im Elektroherd mit Ober- und Unterhitze und können bei Gasherden oder Backen mit Umluft abweichen. Details entnehmen Sie bitte Ihrer Gebrauchsanweisung.